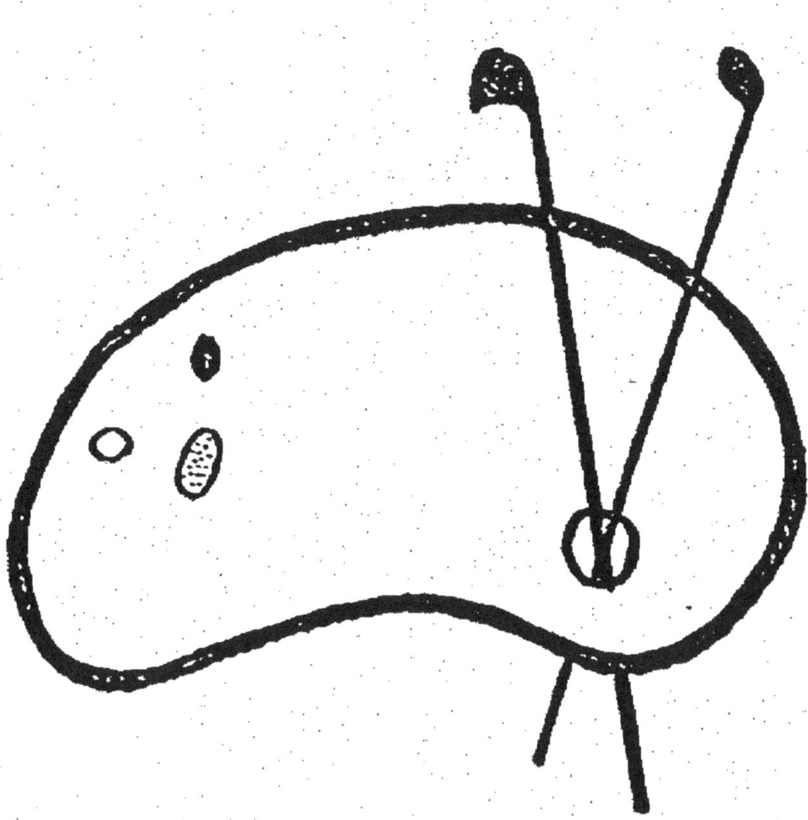

DEBUT D'UNE SERIE DE DOCUMENTS
EN COULEUR

LE FOU

ET

LE PRODIGUE

EN DROIT ROMAIN

PAR

C. APPLETON

PROFESSEUR A LA FACULTÉ DE DROIT DE LYON

(Extrait de la *Revue générale du droit*)

PARIS

E. THORIN & FILS, ÉDITEURS

Libraires du Collège de France, de l'École normale supérieure,
des Écoles françaises d'Athènes et de Rome
de la Société des Etudes historiques

7, RUE DE MÉDICIS, 7

1893

OUVRAGES DU MÊME AUTEUR

Histoire de la propriété prétorienne et de l'action publicienne. Paris, 1889, E. Thorin. 2 vol.   **18 fr.**

Résumé du cours de droit romain professé à la Faculté de Lyon. Paris, 1883-1884, Larose et Forcel. 2 vol.   **9 fr.**

De la possession et des actions possessoires. Paris, 1871, Durand et Pedone.   **6 fr.**

Coup d'œil biographique sur quelques jurisconsultes français du XVIe siècle : Dumoulin, son rôle en Suisse; Cujas. Paris, 1874, Durand et Pedone.   **1 fr.**

Étude sur les sponsores, etc., épisode d'une lutte entre la plèbe et le patriciat au VIIe siècle de Rome. Paris, 1876, E. Thorin.   *Épuisé.*

De la condition résolutoire dans les stipulations et de la stipulation prépostère. Paris, 1879, Larose.   *Rare.*

Essai de restitution de l'Édit publicien et du commentaire d'Ulpien sur cet Édit. Paris, 1886, Thorin.   **1 fr. 25**

Des droits du vendeur à livrer dans la faillite de l'acheteur. Paris, 1887, A. Rousseau.   **2 fr.**

Les sources des Institutes de Justinien. Paris, 1891, Thorin. **2 fr.**

De la méthode dans l'enseignement du droit. Paris, 1891, Larose.   **2 fr.**

De la situation sociale et politique des femmes dans le droit moderne. Paris, 1892, E. Thorin et fils.   **1 fr.**

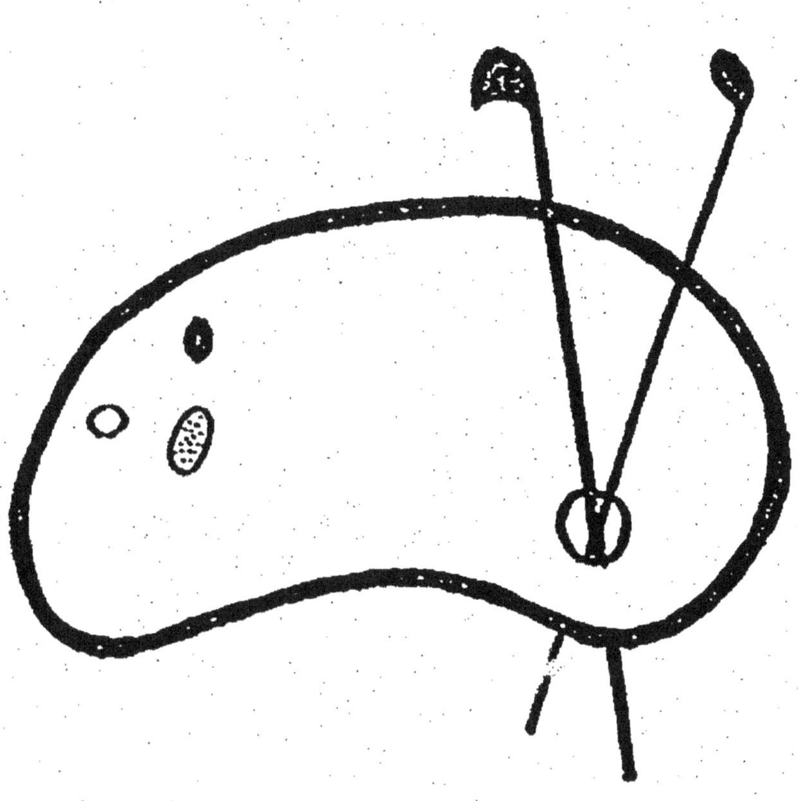

FIN D'UNE SERIE DE DOCUMENTS
EN COULEUR

LE FOU ET LE PRODIGUE

EN DROIT ROMAIN

A PROPOS D'UN LIVRE RÉCENT (1)

INTRODUCTION

1. Contraste entre la recrudescence de l'étude du droit romain en France et son discrédit dans les sphères officielles, ses causes. — 2. Le livre de M. Audibert, son objet, sa méthode. — 3. Sa division en deux parties inégales : folie, prodigalité; lien entre ces deux études.

1. L'enseignement du droit romain en France nous présente depuis quelque temps un bien curieux phénomène.

Tandis que dans les sphères officielles, et dans les milieux où elles puisent leurs inspirations, cette étude est tombée dans un discrédit visible, on remarque avec surprise qu'à aucune époque de ce siècle l'activité scientifique des romanistes français ne s'est montrée aussi féconde. Il y a là un contraste saisissant, dont il ne serait pas très difficile peut-être de découvrir les causes si c'était ici le lieu de les rechercher. Bornons-nous à dire que l'ancienne école, trop souvent stérilisée par un programme officiel d'enseignement contre l'ineptie duquel, faute d'organes peut-être, elle n'avait pas assez énergiquement réagi, avait contribué à accréditer contre cet enseignement des préjugés qui survivent à leur cause. La nouvelle école, celle d'après 1870, unie à d'éminentes exceptions antérieures, en subit très injustement le contre-coup. Depuis une vingtaine d'années surtout, malgré les entraves de la réglementation à outrance, un nouvel esprit se fait jour, la méthode historique reprend ses droits, une connaissance plus complète de la littérature juridique allemande, si importante pour le droit romain, ouvre à nos travailleurs des horizons nouveaux.

2. Le livre que nous avons cité en tête de cet article, et dont nous

(1) ÉTUDES SUR L'HISTOIRE DU DROIT ROMAIN. — I. *La folie et la prodigalité*, par Adrien AUDIBERT, professeur à la Faculté de droit de Lyon. Paris, 1892, 338 pages.

nous proposons de discuter ici les conclusions, fournit précisément un exemple à l'appui de ces idées.

M. Audibert a pris pour point de départ une théorie proposée, il y a une quinzaine d'années, par un professeur allemand, M. Ubbelohde. Ce savant avait soutenu qu'il y avait eu à Rome deux systèmes distincts d'interdiction appliqués aux prodigues. Adoptant cette idée, mais en lui faisant subir des modifications qui en transforment complètement la physionomie et les conséquences, M. Audibert aboutit à une doctrine beaucoup plus spécieuse. M. Ubbelohde constatait avec tristesse que sa thèse n'avait guère rencontré d'adhérents; sera-t-elle plus heureuse lorsqu'elle retournera en Allemagne, perfectionnée, ou plutôt métamorphosée par le professeur français? Nous n'oserions l'affirmer. Mais sur son chemin, l'auteur rencontre la question des aliénés auxquels les Romains comparent, assimilent même fréquemment les prodigues; c'est pour lui l'occasion d'une véritable trouvaille, et la question de savoir ce qu'il faut entendre par ces *mente capti* ou *dementes*, que les auteurs opposent aux *furiosi*, nous paraît définitivement résolue.

Par cette importante publication, M. Audibert prend, parmi les romanistes, une place digne du rang éminent, — la primauté, — qu'il conquérait, il y a quinze ans, au concours d'agrégation. Fruit d'une longue et studieuse préparation, l'œuvre marque — on n'en sera pas surpris — le complet épanouissement des plus rares facultés et, pour dire tout de suite le fond de notre pensée, en plus d'un point touche vraiment à la perfection. Le mot n'est pas trop fort pour un livre dont on peut sans doute contester quelquefois les conclusions, mais qui n'en reste pas moins irréprochable comme science, comme forme, et jusque dans les détails de l'exécution matérielle.

L'érudition, sans étalage et sans fracas, s'y révèle pourtant aussi vaste que sûre; toujours de première main, elle comprend et visiblement sait goûter la littérature classique; elle n'ignore rien des travaux des savants étrangers, particulièrement des romanistes allemands; le droit grec n'a pas été négligé non plus et a fourni à M. Audibert d'intéressantes comparaisons.

Quant à la méthode, à la manière, si j'ose ainsi parler, elle est caractéristique. C'est une force douce, sereine, attractive, sûre d'elle-même, qui ne vient pas violenter les convictions par l'ardeur d'une discussion passionnée, mais qui les entraîne peu à peu au but, en écartant sans effort apparent tous les obstacles accumulés sur la route. Ces obstacles, notre guide ne cherche pas à nous les cacher; il nous montre seulement le chemin qui les évite. Cette grande sincérité, qui se défend de tout entraînement, ajoute encore au charme d'un style sans une ombre d'affectation, dont l'accent simple, mais élégant, modeste, mais assuré, conquiert tout de suite à la doctrine et à l'écrivain les sympathies du lecteur.

Une table de textes littéraires et juridiques, un sommaire très développé reproduit en tête de chaque chapitre, viennent ajouter un nouvel élément de lumière à une clarté d'exposition qui ne saurait être dépassée.

3. Ce livre se divise en deux parties d'inégale longueur.

La première traite des deux formes d'aliénation mentale reconnues par le droit romain, *furor* et *dementia* : en quoi consistaient au juste ces deux genres de folie et comment la protection légale, assurée à l'aliéné par la nomination d'un curateur, s'est-elle étendue de l'une à l'autre, tel est l'objet des soixante-quinze premières pages.

La deuxième étude, qui forme à elle seule les trois quarts de l'ouvrage, s'occupe des deux systèmes d'interdiction pour cause de prodigalité qui furent, d'après l'auteur, successivement pratiqués en droit romain. Dès la plus haute antiquité, le prodigue qui dissipait les biens venus des ancêtres, et celui-là seul, était frappé d'interdiction par le préteur et placé sous la curatelle de ses agnats. Plus tard, le magistrat donna aussi des curateurs aux prodigues qui ne rentraient pas dans ce cas, en considérant leur prodigalité comme une folie partielle, *dementia*.

On voit immédiatement le lien qui réunit les deux études. M. Audibert démontre d'abord que les *dementes* ou *mente capti*, auxquels fut étendue la curatelle des *furiosi*, étaient des monomanes. Puis il s'efforce de prouver que l'on rangea les prodigues parmi les monomanes, de façon à mettre en curatelle ceux-là même qui ne rentraient pas dans les termes du décret d'interdiction, applicable seulement, d'après l'auteur, à ceux qui dissipaient les biens reçus *ab intestat* de leurs ascendants paternels.

On le voit, le développement historique des deux systèmes de protection que le droit romain organise pour le fou et le prodigue soulève un problème difficile et intéressant. L'auteur a consacré à ce problème un volume qui s'annonce comme le premier d'une série d'études sur l'histoire du droit romain (1).

(1) M. Audibert avait publié, en 1890, dans la *Nouvelle Revue historique*, deux articles dont le premier (p. 521 et suiv.) indiquait les principaux traits de son système sur la curatelle des prodigues, et dont le second (p. 846-890), complété sur certains points, forme la première partie du livre que nous analysons. Cet article, qui avait excité un très vif intérêt, a été traduit par M. Joseph Konyi, dans la *Revue du droit hongrois* (*Magyar Igazságügy*), fascicule de mai 1891. — Depuis lors, M. Audibert a publié dans la *Nouvelle Revue historique* deux nouveaux articles sur la manière dont la curatelle légitime se transforma en curatelle dative et sur le curateur nommé par testament (1891, p. 310-328, et 1892, p. 5-17).

Les résultats de ses recherches s'écartent sensiblement des opinions généralement admises, surtout en France. Nous allons, séparément pour chacune de ces deux études, exposer et discuter les conclusions de l'auteur.

I

LA FOLIE.

4. *Furiosus* et *demens* (ou *mente captus*); en quoi différaient-ils? Première opinion : elle consiste à caractériser la *furor* par l'agitation anormale de l'esprit et la possibilité d'intervalles lucides, la *dementia* par un état de complète aliénation mentale, sans possibilité de retour à la raison. Réfutation par l'auteur. — 5. Deuxième opinion consistant à opposer la folie proprement dite (*furor*) à la faiblesse d'esprit (*dementia*). Réfutation de ce système par l'auteur, en ce qui touche la *dementia*. — 6. Système de M. Audibert : à l'origine, le fou était regardé comme un possédé, aussi croyait-on que la folie impliquait nécessairement la perte complète de la raison. Une notion plus large de la folie se forma sous l'influence de la science, de la philosophie et des mœurs. Le *demens* est un aliéné atteint de folie partielle, un monomane. Justification par les textes. — 7. Appréciation de ce système destiné, selon nous, à faire école.

4. On sait que le droit romain distinguait deux sortes d'aliénés : les *furiosi*, seuls soumis, selon la loi des Douze Tables, à la curatelle des agnats ou des gentils, et les *dementes* ou *mente capti* qui recevaient des curateurs nommés par le magistrat et qui, avant la création de la curatelle dative, étaient privés de toute protection.

L'auteur se demande avant tout comment s'introduisit cette distinction et quelle en était la portée. La question est controversée.

Première opinion. Selon les uns, la folie, appelée *furor*, se manifestait par des accès plus ou moins violents, interrompus par des intervalles lucides; la *dementia*, au contraire, impliquait une privation complète de l'intelligence, excluant tout intervalle lucide et tout retour à la raison.

Tel est le système généralement enseigné en France (1).

L'auteur en fournit une réfutation magistrale. L'interprétation que l'on donne des expressions *furor* et *dementia* n'est, en effet, conforme ni au sens matériel des mots, ni au témoignage des textes, et la théorie qu'on prête ainsi au droit ancien ne peut se soutenir ni rationnellement, ni historiquement, ni pratiquement.

____

(1) Voy. Accarias, *Précis*, t. I, n° 167. — Demangeat, *Cours de droit romain*, t. I, 3ᵉ édit., p. 249, 403. — Machelard, *Obligat. natur.*, p. 271-275. — Maynz, *Cours de droit romain*, t. I, §§ 19, 2. — May, *Eléments de droit romain*, 1889, t. I, p. 212. — A. Rivier, *Droit de famille romain*, 1891, p. 363, n. 2.

Nous ne pouvons ici, on le comprendra sans peine, aborder l'étude des textes ; bornons-nous à constater qu'il est impossible d'y trouver le moindre appui pour le système combattu par l'auteur, à part un seul passage dont ce système fournirait une interprétation rationnelle et sur lequel nous allons revenir. Aucun d'eux ne contient la moindre allusion à cet état d'agitation, coupé d'intervalles lucides, qui caractériserait la *furor*. On se sera laissé égarer par le sens du mot correspondant dans notre langue, tandis que, d'après M. Audibert, le mot *furor* signifierait proprement inspiration divine ; il rappellerait cette intervention des dieux par laquelle les anciens expliquaient les perturbations mentales (1) et n'exprimerait en aucune manière ce que nous entendons aujourd'hui par fureur. A l'appui de cette interprétation, ne pourrait-on pas faire valoir d'autres considérations encore ? Ne serait-il pas permis d'établir un rapprochement entre les mots *furor* et *fur*, venant tous deux du même radical que *ferre*, emporter ? Notre langue se prête au même rapprochement. Le voleur emporte, ravit ; le fou est emporté, transporté, ravi, hors de lui-même. L'intelligence ainsi ravie est alors perdue, *aliénée* ; toutes ces idées se tiennent.

Au point de vue rationnel, maintenant, comprendrait-on que seuls les fous à intervalles lucides eussent reçu des curateurs ; que l'idiot, qui en a encore plus besoin, en eût été privé à l'époque des décemvirs ? « L'absence de curatelle, » dit M. Audibert, « pourrait, à la rigueur, se soutenir pour celui qui recouvre, par intervalles, la raison et avec elle la capacité juridique, mais il serait inexplicable que le fou le plus complètement atteint fût précisément celui que la loi aurait laissé sans défense. » On a, il est vrai, objecté que la loi, en mettant le *furiosus* en curatelle, aurait eu pour but de garantir la famille du fou contre les actes qu'il pourrait faire pendant les intervalles lucides (2). Mais on oublie que précisément ces actes sont valables ; qu'en droit romain le fou n'est pas interdit, ou plutôt on ne l'oublie pas, mais on prend texte de là pour accuser la loi romaine d'inconséquence. Ce prétendu manque de logique démontre simplement l'inexactitude du motif sur lequel on faisait reposer la restriction de la curatelle au seul *furiosus*.

Justifiera-t-on l'omission du *demens* en alléguant la dureté des mœurs primitives, sans pitié pour les individus dont l'intelligence est absolument éteinte, comme pour l'enfant né difforme ? Mais la curatelle est instituée dans l'intérêt de la famille, pour la conservation

(1) Cicéron, *De divin.*, I, 31, 66 : *Furor appellatus est cum a corpore animus abstractus, divino instinctu concitatur.* Voyez aussi II, 48, 100.
(2) Accarias, t. I, 4ᵉ édit., p. 433.

des biens, et cet intérêt-là est d'autant plus compromis que la folie est plus complète.

Enfin, le système généralement enseigné chez nous eût été impraticable. Qui nous dira, au moment où se déclare la folie, si l'intelligence est pour toujours éteinte ou si elle doit briller encore à certains moments? Et pourtant de là dépend la question de savoir si la curatelle des agnats doit s'ouvrir ou non.

Disons-le en passant, l'un des défauts les plus fréquents de l'enseignement du droit romain chez nous, c'est de ne tenir aucun compte de ces nécessités de la pratique et de nous présenter des institutions séculaires sous une forme qui en eût absolument entravé le fonctionnement, même pendant un court laps de temps.

Nous ne pouvons donner ici qu'un aperçu très sommaire de la brillante démonstration présentée par M. Audibert. Du système généralement enseigné chez nous, on peut dire qu'il ne reste rien.

Ce qui avait contribué à la faveur dont il jouissait, c'est qu'il expliquait d'une façon assez rationnelle une constitution de Justinien (1) à laquelle nous avons déjà fait allusion. Il s'agit du mariage des enfants du fou : les prudents avaient admis sans difficulté sérieuse le mariage de la fille du *furiosus;* elle ne donnera pas à son père des *sui heredes* sans son aveu, puisque les petits-enfants n'héritent pas de leur aïeul maternel : *sufficere enim putaverunt (veteres) si pater non contradicat.* Pour les fils, une constitution de Marc-Aurèle avait autorisé le mariage de ceux dont le père était *mente captus;* telle était sans doute l'hypothèse spéciale sur laquelle avait statué l'empereur, vraisemblablement par un rescrit. Mais Justinien ajoute que l'on se demanda si cette décision devait s'appliquer aussi aux enfants du *furiosus.* Cette controverse s'explique dans le système enseigné en France : le *mente captus* serait atteint d'une folie continue; dans ces conditions, il faut dispenser le fils d'un consentement impossible à obtenir; mais la même raison n'existe pas pour le *furiosus* qui aurait, selon ce système, des intervalles lucides.

Ainsi raisonnaient, dit-on, ceux qui voulaient interpréter restrictivement la décision de Marc-Aurèle.

Dans le système de M. Audibert, qui voit dans le *mente captus* un fou partiel, un monomane, la controverse ne se comprend plus. Pourquoi quelques jurisconsultes restreignaient-ils au *mente captus* la décision de Marc-Aurèle? Notre savant collègue avoue n'avoir aucune explication rationnelle à en proposer. « Il est permis de croire », ajoute-t-il, « qu'il n'y en avait pas d'autre que le désir de limiter, par une interprétation littérale, l'atteinte que le rescrit portait à la *patria*

____

(1) L. 25, C., *De nuptiis,* 5, 4.

potestas. » En tous cas, l'objection ne saurait contrebalancer les raisons multiples et décisives qui doivent faire rejeter le système généralement enseigné en France (1).

5. *2e opinion.* Un autre système soutenu, particulièrement en Allemagne, par des interprètes fort autorisés (2), considère au contraire le *demens* comme moins gravement atteint que le *furiosus*, et contient en cela une part de vérité. Au *furiosus*, absolument privé de raison, on oppose le *demens* ou faible d'esprit. Selon cette doctrine, les décemvirs ne voulurent pas mettre le *demens* en curatelle; ils estimèrent qu'il suffisait d'être pourvu d'intelligence, bien qu'à un très faible degré, pour être naturellement capable d'agir. Ils n'admirent d'exception que pour les prodigues. Le préteur alla plus loin, il étendit sa protection sur les faibles d'esprit, alors même qu'ils n'étaient pas, à proprement parler, des prodigues, et créa pour eux la curatelle des *dementes.*

Ce système donne une juste définition du *furiosus*, mais pèche en ce qu'il confond le *mente captus* ou *demens* (3) avec le *fatuus*, expression technique qui désigne le faible d'esprit (4); le premier, comme les mots eux-mêmes l'indiquent, est un fou et non pas seulement un faible d'esprit, si bien que par *dementes* on entend souvent tous les aliénés en général, y compris les *furiosi* (5).

L'auteur réfute aussi ce second système. Dans cette partie critique de son travail, nous relevons l'explication qu'il donne d'un célèbre passage des *Tusculanes* (III, 4, 5) où l'on croit généralement trouver

---

(1) Peut-être Marc-Aurèle avait-il décidé que la non-opposition du *mente captus* suffisait pour le mariage du fils. Non-opposition peut encore, avec un peu de bonne volonté, passer pour consentement chez un monomane dont l'esprit n'est pas complétement étranger à ce qui se passe autour de lui, comme l'est celui du *furiosus.* On comprendrait alors qu'il y eut encore quelque hésitation pour le *furiosus*, dont la non-opposition ne peut plus du tout s'interpréter comme consentement. On passe outre, il est vrai, pour la fille; mais le mariage du fils a, nous l'avons vu, des conséquences beaucoup plus graves.

(2) Gluck, *Pandect.*, t. XXXIII, p. 241-245. — Savigny, *Syst.*, traduct. Guenoux, t. III, p. 84-86, n. 1. — Rudorff, *Vormundschaft*, t. I, p. 118-123. — Pernice, *Labeo*, t. I, p. 235. — Windscheid, *Pand.*, t. I, § 54; t. II, § 446, n. 3. — Arndts, *Pand.*, § 37.

(3) Ces mots sont employés comme synonymes dans la L. 25, C., *De nuptiis*, 5, 4.

(4) L. 2, D., *De postul.*, 3, 1. — L. 21, D., *De reb. auct.*, 42, 5.

(5) M. Cuq (*L'ancien droit*, p. 312) identifie le *mente captus* avec le *furiosus* et les soumet tous deux à la curatelle légitime, ce qui est insoutenable en face des textes qui, précisément à ce point de vue, distinguent ces deux espèces d'aliénés et soumettent ceux de la seconde à la curatelle dative : Inst., II, 23, §§ 3 et 4. Voyez Audibert, p. 31, n. 1.

l'antithèse entre les *furiosi* et les *dementes*, qui seraient des faibles d'esprit.

Il y a, dit Cicéron, des *furiosi* qui, bien qu'ils aient suffisamment d'intelligence pour s'occuper de leurs affaires, n'en sont pas moins insensés, *stulti, insani*. Ce ne sont pas ceux que l'on désigne par le mot *dementes*, mais tous les hommes qui se laissent dominer par leurs passions, tous ceux qui ne sont pas des sages dans le sens stoïcien du mot. La thèse de Cicéron est purement philosophique ; quoiqu'on en ait dit, elle n'a aucun rapport avec la distinction que font les jurisconsultes entre les *furiosi* et les *dementes*.

6. Selon l'auteur, cette distinction ne peut s'expliquer que par les changements qui se produisirent à Rome dans la manière de comprendre la folie. Si les décemvirs n'ont parlé que des *furiosi*, c'est que de leur temps on ne croyait pas que la folie pût exister en dehors du cas de *furor*. Le progrès réalisé par le préteur, en créant la curatelle du *demens*, dérive de ce qu'on finit par reconnaître une nouvelle forme d'aliénation mentale, primitivement inconnue. Le mot *furor* signifie proprement une inspiration divine; et, en fait, tous les peuples anciens ont expliqué tout d'abord l'aliénation mentale par des causes surnaturelles. Les fous étaient des possédés traités par l'exorcisme. Cette conception de la folie ne permettait de regarder comme aliénés que ceux qui avaient complètement perdu la raison, et, en effet, c'est bien là l'idée que les textes nous donnent du *furiosus*. Ils le déclarent privé de raison de la manière la plus absolue : *per omnia et in omnibus* (1), ils le comparent à une personne endormie, à un absent, à un mort. Cicéron définit l'état de *furor* comme l'avaient compris les anciens : un aveuglement intellectuel complet, *mentis ad omnia cœcicatem* (2). Ceux qui, tout en donnant des signes plus ou moins manifestes de désordre intellectuel, conservaient d'une manière générale l'usage de leurs facultés, n'étaient pas considérés comme aliénés.

Le préteur, sous l'influence des idées philosophiques (3) et scientifiques (4) venues de la Grèce, jugea trop étroite cette façon d'entendre la folie, et soumit à la curatelle les aliénés partiels affectés de monomanie. Les fous de cette espèce, restés capables de raisonner, d'échanger leurs idées, sont précisément ceux qu'on appela *dementes*

---

(1) Julien, L. 2, § 3, D., *De jure cod.*, 29, 7.

(2) *Tuscul.*, III, 5, *in fine*.

(3) Les stoïciens étendaient même d'une façon tout à fait exagérée les limites de la folie en considérant comme insensés tous ceux qui ne savaient pas maîtriser leurs passions.

(4) La médecine grecque s'introduisit à Rome vers le septième siècle de la ville. Ses travaux révèlent, d'après des savants autorisés, une profonde connaissance des maladies mentales.

ou *mente capti*. Cette distinction est confirmée par le témoignage d'Isidore (*Different.*, II, 12 : *Inter amentem et dementem hoc interest, quod amens in totum caret mente, demens partem retinet*), et Horace nous présente un exemple de cette folie partielle dans un passage qui ne se rapporte pas, comme on l'a souvent dit, à un cas d'interdiction pour prodigalité, mais à un cas de folie partielle, Satire, II, v. 214-218 (1).

Un passage de Celse (*De medicina*, III, 18) complète la démonstration. Celse distingue deux espèces d'aliénés, ceux qui sont trompés par des fantômes, des hallucinations : *qui imaginibus falluntur*, et ceux que leur propre esprit égare : *qui mente falluntur, animo desipiunt*.

Or, cette distinction s'accorde avec celle entre le *furiosus* et le *mente captus* dans le sens proposé par l'auteur. Les fous *qui imaginibus falluntur* sont ceux qui ont complètement perdu la raison, et pour eux Celse recommande l'usage de certains remèdes comme l'ellébore. Ceux *qui mente falluntur* sont les *mente capti* des jurisconsultes ; l'expression, on le voit, est presque identique. Ce ne sont pas des hallucinations, c'est leur esprit lui-même qui les égare ; ils pensent, ils jugent, ils raisonnent, et précisément dans ce travail de leur intelligence se trouve un principe d'aberration. Aussi Celse veut-il qu'ils soient soumis à une cure morale, qu'on les contraigne à réfléchir, à se rappeler ; qu'on les châtie dès qu'ils s'écartent de la raison : *ubi perperam fecit aut dixit, fame, vinculis, plagis coercendus est... tormentis quibusdam optime curatur*. Traitement singulier, dit l'auteur ; nous voudrions être bien sûrs que sous le nom de *coercition*, il ne soit pas encore, dans une certaine mesure, pratiqué de nos jours.

En un mot, ce que le préteur organisa, ce fut la curatelle des monomanes.

Peut-être M. Audibert aurait-il pu faire valoir encore, à l'appui de sa doctrine, l'antithèse que l'on remarque entre les deux textes ou Paul nous parle du testament du *furiosus* et de celui du *mente captus*.

Paul, *Sent.*, III, 4ª, §§ 5 et 11 : § 5. *Furiosus tempore intermissi furoris testamentum facere potest... § 11. In adversa corporis valetudine mente captus eo tempore testamentum facere non potest.*

Ainsi, le *furiosus* peut tester dans un intervalle lucide : il est donc incapable en règle générale, et ce sera à ceux qui invoqueront le testament de prouver la lucidité du testateur à ce moment. S'agit-il, au contraire, du *mente captus*, ce que Paul nous signale, c'est le cas où il est incapable ; il insiste même par une sorte de pléonasme (*eo tempore*) pour bien marquer que l'incapacité est ici momentanée ;

____

(1) Audibert, p. 48-50.

donc, en règle générale, le *mente captus* peut tester, et ce sera à
ceux qui argueront son testament de nullité, de prouver que le testateur se trouvait au moment de la confection en proie à son mal : *in
adversa corporis valetudine.* La capacité se règle exactement sur la
lucidité : dans le cas du *furiosus*, comme dans celui du *mente captus*,
Paul admet la possibilité d'une phase de capacité ; mais cette phase
il la considère comme formant l'exception chez le *furiosus*, la règle
chez le *mente captus* ; il regarde donc ce dernier comme atteint à un
bien moindre degré que le premier.

Une dernière considération achève d'expliquer ce progrès. Mais
laissons ici la parole à l'auteur pour faire apprécier, par une courte
citation, l'élégante simplicité de sa manière et le charme persuasif de
son style.

« Enfin, » dit-il, « qu'on songe aux mœurs nouvelles qui s'intro-
duisirent à Rome à l'époque où les conquérants de la Grèce, séduits
par elle, se livrèrent avec une sorte d'emportement à un luxe jusqu'alors inouï et à tous les raffinements d'une civilisation avancée.
Qu'on réfléchisse à l'effet que ces mœurs durent inévitablement produire sur la mentalité publique, à l'accroissement qu'elles durent en-
traîner dans le nombre des maladies cérébrales, peut-être même dans
la variété de leurs manifestations. On comprendra que le préteur ait
apprécié alors, bien mieux qu'il n'avait été possible de le faire dans
les premiers temps de la cité, la diversité des formes que l'aliénation
mentale est susceptible de revêtir ; on comprendra qu'il ait jugé trop
étroite l'ancienne conception de la folie, et qu'il ait été amené, par les
nécessités pratiques, à la compléter conformément aux enseignements
de la philosophie et de la science. La loi ne protégeait que les fous
totalement privés de raison ; le préteur osa donner des curateurs
pour cause de démence, alors que la raison n'avait pas complètement
disparu. »

Voilà l'explication de M. Audibert.

7. Cette explication porte avec elle un caractère de simplicité, de
naturel, qui entraîne la conviction. Nous ne sommes pas surpris de
la voir déjà adoptée par M. Eugène Petit dans son *Traité élémentaire
de droit romain*, p. 132, n. 3, et p. 133, car elle est, croyons-nous,
destinée à faire école.

A mesure que la civilisation avance, on reconnaît l'aliénation mentale dans bien des cas où on ne la distinguait pas auparavant. Par
exemple, on a jadis pris bien des fous pour des criminels ; aujourd'hui,
par un excès contraire, certaine école ferait passer volontiers tous les
criminels pour des fous. Les hommes de l'art reconnaissent l'aliénation
mentale là où elle passe inaperçue du vulgaire. Il est donc tout naturel que les progrès de la civilisation et de la science aient fait pré-

valoir, au sujet des maladies mentales, des idées moins étroites que celles dont la loi des Douze Tables s'était inspirée.

L'on arrive ainsi à un résultat éminemment rationel, exempt des inconséquences que le système généralement enseigné chez nous reprochait, bien à tort, à la jurisprudence romaine, toujours si logique pourtant. Et comment ne serait-elle pas logique, issue comme elle est, pour la plus forte part, d'une lente élaboration coutumière, de la longue collaboration de la pratique et de la science? Pour peu qu'on approfondisse le droit romain, on a souvent l'occasion d'en faire l'expérience : quand on accuse les Romains d'inconséquence, c'est un indice qu'on ne les comprend pas, et cet indice trompe rarement ; mais il est si doux à notre infatuation moderne de trouver des fautes à nos modèles !

C. APPLETON,
Professeur à la Faculté de droit de Lyon.

(A suivre.)

LE FOU ET LE PRODIGUE

EN DROIT ROMAIN

A PROPOS D'UN LIVRE RÉCENT

(Suite et fin) (1)

II

LA PRODIGALITÉ.

§ 1. — *Exposé du système d'Ubbelohde et Audibert.*

8. Résumé du système de M. Audibert : assimilation du prodigue au fou, empruntée à la philosophie grecque. Jadis la coutume n'autorisait l'interdiction que des prodigues ayant reçu *ab intestat* la succession de leurs ancêtres. Pour donner des curateurs aux autres prodigues, on les considéra comme fous. — 9. Selon ce système, il y eut désormais deux sortes d'interdits : 1° *Is cui lege bonis interdictum est*, contre qui était prononcé le décret; 2° *Is cui bonis interdictum est*, prodigue mis en curatelle sans interdiction expresse. Justinien aurait consacré le second système tout en insérant au Digeste des textes qui se référaient au premier. — 10. Ce système, proposé par Ubbelohde, est repris par M. Audibert avec d'importantes modifications, notamment pour l'incapacité du prodigue : le prodigue simplement mis en curatelle était incapable *jure prætorio* seulement, d'après Ubbelohde. — 11. Au contraire, d'après M. Audibert, les deux incapacités étaient de droit civil, mais celle de l'interdit *lege* résultait du décret et se limitait aux biens patrimoniaux; celle du prodigue simplement mis en curatelle découlait de la monomanie dont il était supposé atteint; elle était générale, absolue (pas même d'obligation naturelle) et atteignait tous les actes dépendant de la manie du prodigue, à savoir ceux qui rendaient sa condition pire. — 12. Les antinomies et singularités du Digeste en cette matière résulteraient de ce que les textes se référaient originairement à deux théories distinctes.

8. Voici, en résumé, le système de M. Audibert sur la prodigalité : De nos jours, les aliénistes affirment que fréquemment la prodigalité est la manifestation de véritables maladies mentales. Les jurisconsul-

(1) Voyez *Revue générale du droit*, n° de mars-avril 1893, p. 136.

tes romains avaient déjà exprimé l'idée que le prodigue est comparable à un fou et doit, comme le fou — *exemplo furiosi* — être soumis à la curatelle. La même assimilation se rencontre dans le droit d'Athènes. Leist a soutenu, dans son histoire du droit gréco-latin, que c'est là une idée très ancienne, commune aux diverses législations aryennes, et antérieure à la séparation des peuples gréco-italiques. M. Audibert croit au contraire que cette idée n'a pu naître des antiques croyances populaires; selon lui elle découle de la philosophie, et les Romains l'ont prise chez les philosophes grecs. De nombreux textes juridiques démontrent que l'assimilation de la prodigalité à la folie a eu pour les jurisconsultes classiques la valeur d'un véritable principe de droit qui leur a servi à déterminer la condition juridique du prodigue. Il s'agit de savoir quel rôle ce principe a joué dans le développement du droit.

Dans l'ancien droit romain l'interdiction des prodigues était, selon M. Audibert, soumise à des conditions très rigoureuses. Il fallait que le prodigue eut des agnats ou des gentils auxquels la curatelle pût être confiée : il fallait encore qu'il eût recueilli comme héritier *ab intestat* la succession de son père, *bona paterna avitaque*, et le décret d'interdiction que le magistrat prononçait, supposait expressément l'accomplissement de ces conditions. La loi antique n'avait eu en vue que les intérêts de la famille civile, et c'est pourquoi, en dehors des cas dans lesquels cet intérêt paraissait réellement compromis, le prodigue restait libre de dissiper son patrimoine. Dans la suite on considéra les choses avec des idées moins étroites, on reconnut que la prodigalité nuisait à l'Etat — *expedit reipublicae ne quis sua re male utatur* — et que, d'autre part, il était humain de protéger contre eux-mêmes ceux qu'un instinct irréfléchi entraînait à la ruine.

C'est ainsi qu'il parut nécessaire d'étendre le secours de la curatelle aux prodigues que la loi n'avait pas eus en vue, et spécialement à ceux qui n'avaient pas recueilli *ab intestat* l'hérédité paternelle. Mais comment était-il possible de leur appliquer l'ancien régime d'interdiction? On ne pouvait songer, selon M. Audibert, à prononcer contre eux la formule d'interdiction traditionnelle, parce que cette formule, que les *Sentences* de Paul nous ont conservée, faisait expressément mention des conditions requises par la loi (1). Le préteur devait-il chercher une formule plus large qui pût comprendre ces prodigues? C'est ce

____

(1) Paul, *Sent.*, III, 4ᵉ, § 7 : *Moribus per prætorem bonis interdicitur hoc modo* : « *Quando tibi bona paterna avitaque nequitia tua disperdis, liberosque tuos ad egestatem perducis, ob eam rem tibi ea re (a) commercioque interdico.* »

(a) Ou *aere*.

qu'il ne fît pas, dit M. Audibert; le préteur n'a pas le pouvoir légis-
latif, cela eût paru un abus de pouvoir que de prononcer arbitrairement une déchéance de droits contre un citoyen dont la loi reconnais-
sait l'entière capacité. Il recourut donc à un moyen indirect, il
considéra que la prodigalité était une véritable folie et que, par conséquent, il était autorisé à donner un curateur aux prodigues dont la
loi n'avait pas parlé, comme il en donnait aux fous eux-mêmes, sans
avoir à prononcer contre eux aucun décret d'interdiction. L'assimilation de la prodigalité et de la folie dans la jurisprudence romaine s'est
introduite de cette façon; ce fut un moyen employé pour étendre aux
prodigues la curatelle des fous. On peut la rapprocher de la fiction
de folie à laquelle la jurisprudence recourt dans un autre ordre
d'idées, pour permettre au fils injustement exhérédé d'attaquer le testament comme inofficieux.

9. Depuis la création de la curatelle dative du prodigue, la loi ancienne continue, selon M. Audibert, à s'appliquer comme par le passé
aux circonstances qu'elle avait prévues, et ainsi il y eut deux espèces
de prodigues soumis à des systèmes d'interdiction différents : 1° Ceux
qui réunissaient les conditions requises par la loi étaient interdits par
le préteur, selon la formule traditionnelle, et recevaient des curateurs
légitimes; le prodigue était alors appelé : *is cui bonis* LEGE *interdictum
est;* 2° ceux qui ne rentraient pas dans les prescriptions de la loi
n'étaient pas frappés par un décret d'interdiction; le préteur se con-
tentait de les mettre en curatelle en les assimilant aux fous : l'interdit
de cet espèce fut nommé *is cui bonis interdictum est,* mais on n'ajou-
tait pas LEGE, parce que l'interdiction qui le frappait, par l'effet de la
nomination du curateur, était une interdiction d'un nouveau genre,
étrangère à la loi des Douze Tables.

D'après l'auteur cette distinction existait encore à l'époque classique, mais disparut dans le dernier état du droit. Justinien unifia
cette matière comme tant d'autres. Il a en général donné la préférence
au système fondé sur l'assimilation de la prodigalité et de la folie, en
y mêlant toutefois quelques décisions empruntées au système de la
loi des Douze Tables. Parmi les divers fragments recueillis au Digeste,
les uns se référaient, dans la pensée de leurs auteurs, aux prodigues
interdits *lege*, d'autres aux prodigues mis en curatelle par le magistrat. Justinien les a rendus applicables à tous les prodigues sans distinction.

10. Ubbelohde (1) avait déjà soutenu qu'il y avait eu à Rome, à la
fin de l'époque classique, deux systèmes différents d'interdiction.

____

(1) *Ueber die Handlungsfähigheit der Prodigen und der Minderjährigen,*
dans la *Grünhut's Zeitschrift,* 1877, IV, 621-721.

C'est aussi l'opinion de M. Audibert. Il la fonde, comme Ubbelohde, sur un texte d'Ulpien qui contient, croit-il, les éléments d'une véritable histoire de l'interdiction : L. 1, D., *de curat. furioso*, 27, 10. M. Audibert apporte de nouveaux arguments à l'appui de cette idée, notamment ceux qu'il tire de divers passages des controverses de Sénèque et des déclamations de Quintilien. Il agrandit la thèse en rattachant la curatelle du prodigue *exemplo furiosi* à l'idée qu'avait le préteur de protéger, d'une manière générale, les aliénés affectés de folie partielle, les monomanes en un mot. Enfin, il établit entre le droit romain et le droit grec des analogies qui permettent de penser que la fiction de folie à laquelle recourt la jurisprudence en matière de prodigalité, comme en matière de *querela inofficiosi testamenti*, a été imaginée sur le modèle du droit attique. D'autre part, MM. Audibert et Ubbelohde ne s'accordent pas sur les caractères propres des deux systèmes d'interdiction qu'ils distinguent. Selon le professeur allemand, le prodigue interdit *lege* était seul incapable selon le droit civil : quant au prodigue mis sous la curatelle par le magistrat, le droit civil le tenait pour capable, ses actes n'étaient annulés que *jure prætorio*. Le professeur de Lyon combat cette idée d'une incapacité purement prétorienne du prodigue. Selon lui, le prodigue était dans tous les cas incapable *jure civili*, soit en vertu de la loi, soit en vertu du principe jurisprudentiel que la prodigalité est une espèce de folie. Mais les deux systèmes étaient séparés par des différences essentielles, et M. Audibert a tenté de les déterminer dans la partie de son livre intitulée : *Essai de reconstitution des deux systèmes d'interdiction.*

11. Il y explique que l'incapacité du prodigue interdit *lege* était réglée par les paroles mêmes que le préteur prononçait : *quando tibi bona paterna avitaque nequitia tua disperdis...* Il en conclut qu'elle était limitée aux biens recueillis dans la succession paternelle, *bona paterna avitaque*; l'interdiction n'empêchait pas de disposer des biens provenant d'une autre source; il en conclut aussi qu'elle ne pouvait cesser que par l'effet d'un nouveau décret déclarant l'interdiction résolue. D'après notre savant collègue, en matière d'obligations la capacité de l'interdit restait entière, seulement les dettes qu'il contractait ne pouvaient s'exécuter sur les *bona paterna avitaque*, parce que ces biens étaient réputés ne plus lui appartenir, l'interdiction ayant pour effet de l'exproprier en quelque sorte au profit de ses curateurs agnats.

Tout autre était la situation du prodigue mis sous curatelle par le magistrat : il devenait incapable parce qu'il était supposé affecté de folie; son incapacité ressemblait donc à celle du *furiosus*. De là de nombreuses conséquences. Il ne pouvait ni disposer de ses biens, sans distinction entre les biens de famille et ceux d'autre provenance, ni s'obliger, même naturellement. S'il revient à une meilleure conduite, il recouvre aussitôt, comme le fou redevenu lucide, son entière capacité sans qu'un nouveau décret du préteur soit nécessaire. Il est vrai que, quoique incapable, il conserve le droit de faire certains actes, notamment ceux qui ne peuvent que l'enrichir. M. Audibert explique cette atténuation apportée à l'incapacité du prodigue par les principes qui s'appliquent à l'aliéné atteint de folie partielle. Le prodigue n'était réputé fou qu'en tant qu'il cédait à l'inclination qui le poussait à dépenser sans mesure. L'idée d'une folie partielle conduisait les jurisconsultes à ne lui imposer qu'une incapacité mitigée.

12. Pour remonter ainsi aux règles qui, dans le droit classique, s'appliquaient, selon lui, aux deux espèces d'interdiction, l'auteur n'avait — en dehors de quelques rares fragments qui nous sont parvenus sans passer par les mains de Justinien — que les seuls textes du Digeste. Il a essayé d'y découvrir les vestiges de l'antique distinction et les traces des interpolations auxquelles ils auraient été soumis. Les antinomies, les singularités si difficiles à expliquer qui abondent dans cette matière résultent, suivant l'auteur, de ce que les textes se réfèrent à deux systèmes différents. De là des controverses sans fin. On comprend que les interprètes aient vainement cherché à ramener à un principe commun des décisions qui ne se réfèrent pas à la même théorie et que les compilateurs ont combinées sans souci de la logique. C'est ainsi, par exemple, que M. Audibert rend compte de la célèbre antinomie entre deux textes d'Ulpien entre lesquels toutes les tentatives de conciliation sont restées inefficaces. (L. *Marcellus*, D., XLVI, 2, 25, et L. *Is cui bonis*, D., XLV, 1, 6. Voyez *infra*, n° 33.)

§ 2. — *Objections que soulève le système d'Ubbelohde et Audibert.*

13. Part de vérité que contient, à notre gré, cette doctrine.— 14. Objections qu'elle soulève : Première objection : les jurisconsultes romains se seraient servis d'expressions manifestement inexactes, s'ils avaient désigné celui contre qui le préteur ne prononçait pas le décret par les mots : *Is cui bonis interdictum est.* — 15. Textes où ces expressions, déjà significatives, sont corroborées par une allusion aux prohibitions du décret. — 16. Silence des textes purs sur la différence de capacité qui aurait existé entre les prodigues. — 17. L'*Oratio Severi* n'a d'ailleurs pu former un acheminement vers la règle uniforme de Justinien, qui reste ainsi inexpliquée. — 18. S'il y avait eu deux procédés d'interdiction, le vieux décret, vu l'extrême rareté de ses cas d'application, aurait dû depuis longtemps tomber en désuétude; or, les textes constatent le contraire. — 19. Autre raison de désuétude du décret : il ne présentait que des inconvénients, comparé à l'autre procédé que rien n'eût empêché d'employer dans tous les cas. — 20. Résultats peu pratiques de ce système : la faculté d'accepter des successions aurait été réservée à l'interdit *lege*, c'est-à-dire précisément à celui qui aurait conservé le droit de les dis-

siper. — 21. Autre objection : les incapacités découlant de l'idée de folie auraient dû être appliquées aussi bien à l'interdit *lege* qu'à l'autre. — 22. En
outre l'incapacité de tester serait inexplicable pour le prodigue non express-
sément interdit. — 23. L'incapacité d'être témoin s'expliquerait aussi malai-
sément dans ce système.

13. Voilà, en résumé, le système de M. Audibert; il est temps d'exa-
miner les objections qui peuvent lui être opposées et de peser les
témoignages qu'il invoque.

Que le droit romain ait ici, comme partout, subi une évolution,
c'est *a priori* plus que probable. Que cette évolution ait eu pour
point de départ la protection de la famille contre la dissipation des
biens patrimoniaux par le propriétaire actuel, et pour point d'arrivée
la protection des prodigues dans leur propre intérêt, et aussi — peut-
être faut-il dire surtout — en vue de l'ordre social, rien de plus
vraisemblable. Que cette extension des cas où l'interdiction pouvait
être prononcée ait été facilitée par l'assimilation des prodigues à des
fous partiels, qu'on ait cherché dans cette idée une justification des
déchéances dont on allait, par l'interdiction, frapper les prodigues
qui ne rentraient pas tout à fait dans les conditions voulues par l'antique coutume, c'est encore possible. Allons plus loin : j'admettrai
même que, dans un cas extraordinaire où, par suite de circonstances
exceptionnelles, ceux qui avaient qualité pour provoquer l'interdiction ne le faisaient pas, Antonin le Pieux ait tourné la difficulté en
nommant au prodigue un curateur pour cause de folie (1). Mais c'est

(1) L. 12, § 2, D., *De tut. et cur. dat.*, 26, 5. Il est très probable que les héritiers *ab intestat* avaient seuls qualité pour provoquer l'interdiction des prodigues; on devait se montrer beaucoup moins exclusif quand il s'agissait de faire
nommer un curateur à un aliéné. On sait de plus, qu'avant le sénatus-consulte
Tertullien, qui est postérieur à Antonin le Pieux, la mère n'héritait pas de ses
enfants. Même après ce sénatus-consulte, elle était exclue par le frère consan-
guin (Ulpien, *Règles*, XXVI, § 8). Cela posé, voici l'hypothèse prévue par Ulpien dans la loi 12 : Une mère avait deux fils; elle était donc, même du temps
d'Ulpien, exclue de la succession de chacun d'eux par l'autre. Chacun de ces
fils avait seul, comme héritier présomptif de l'autre, qualité pour demander
l'interdiction de son frère prodigue. Mais, prodigues, ils l'étaient tous les deux,
et n'avaient garde, par conséquent, de blâmer leur vice chez autrui et de provoquer leur interdiction réciproque. Dans ces conditions, Antonin le Pieux
accueillit la prière de leur mère, irrecevable à solliciter le décret d'interdiction, et tourna la difficulté en décidant qu'on devait les considérer comme fous
en ce qui touche l'administration de leurs biens, et leur donner à ce titre un
curateur : *Divus Pius matris querelam de filiis prodigis admisit, ut curatorem
accipiant, in hæc verba : « Non est novum quosdam, etsi mentis suæ vide-
buntur ex sermonibus compotes esse, tamen sic tractare bona ad se perti-
nentia, ut, nisi subveniatur his, deducantur in egestatem : eligendus itaque
erit qui eos consilio regat, nam æquum est prospicere nos etiam eis qui, quod*

à la prière d'une mère que l'empereur a cédé, d'une mère qui autrement aurait assisté impuissante à la ruine de ses enfants! Ce ne sont
pas là des hypothèses à généraliser.

Enfin, il nous paraît certain que si les engagements contractés par
le prodigue n'engendrent même pas d'obligations naturelles, cela
tient à ce qu'on l'assimile à un monomane.

Mais admettre l'existence simultanée, même à l'époque de Paul et
d'Ulpien, de deux systèmes d'interdiction aussi distincts par leurs
cas d'application que différents par leurs effets, c'est aller bien loin,
ce nous semble, et proposer une théorie qui se heurte à plus d'une
objection.

11. Et d'abord, il en est une qui vient immédiatement à l'esprit
quand on examine de près la double terminologie qui aurait été usitée
à l'époque classique dans le système d'Ubbelohde (1).

L'on ne s'étonnerait guère de trouver sous la plume d'un poète
comme Horace (2) la qualification d'interdit attribuée à un fou mis en
curatelle, alors pourtant qu'en droit romain les fous n'étaient pas interdits, au sens juridique de ce mot. « Le langage de la poésie, » dit
très bien M. Audibert, « n'est pas le langage du droit; il ne comporte
pas une précision rigoureuse... Il faut rectifier ce qu'il y a d'inexact
dans les termes qu'emploie le poète. »

Ainsi, c'est une inexactitude de langage, excusable chez un poète,
que d'appeler *interdits* des personnes pourvues, il est vrai, d'un curateur, mais contre lesquelles pourtant aucun décret d'*interdiction* n'a
été prononcé.

Mais alors pourquoi le système que nous discutons ici attribue-t-il
à tous les jurisconsultes romains cette même inexactitude de langage
qui, chez eux, ne serait plus excusable du tout?

D'après ce système, en effet (3), toutes les fois que l'on rencontre
dans les textes les expressions : *is cui bonis interdictum est; is cui bonorum suorum administratio interdicta est, is cui per prætorem bonis
interdictum est*, etc., il s'agirait d'un prodigue pourvu d'un curateur,

---

ad bona ipsorum pertinet, furiosum faciunt exitu... » — Il résulte clairement
des premiers mots de ce texte : *matris querelam admisit,* que la difficulté venait, dans l'espèce, du défaut de recevabilité de la mère. L'obstacle à l'interdiction pour prodigalité ne consistait ni dans l'absence d'agnats, — car, puisqu'il y avait deux frères, sans doute consanguins, chacun d'eux avait un agnat,
— ni dans le fait qu'ils n'auraient pas succédé *ab intestat* à leur père, car pas
un mot ne fait allusion à cette circonstance et le texte ne porte pas la moindre
trace d'altération; il ne pourrait donc consister que dans un défaut de qualité
chez la mère, qui, en désespoir de cause, s'adressa à l'empereur.

(1) Audibert, p. 182, 183.
(2) *Satires*, II, 3, v. 214-218. — Audibert, p. 48, 49.
(3) Voyez p. 183 et suiv.

mais sans qu'aucun décret d'interdiction ait été prononcé contre lui.

Est-il admissible que les jurisconsultes romains, d'ordinaire si exacts dans leur terminologie, aient ici employé des expressions qui trahissent leur pensée au point de la contredire et parlé du prodigue, à qui *le préteur a interdit l'administration de ses biens*, pour désigner précisément celui à qui il se bornait à donner un curateur, sans *l'interdire*, alors surtout qu'il s'agissait de faire antithèse à une autre espèce de prodigue, véritablement *interdit* celui-là ? N'est-il pas infiniment probable, au contraire, que les jurisconsultes auraient évité avec le plus grand soin de parler d'*interdiction des biens* à propos de cette catégorie de prodigues? Les expressions ne leur eussent pas fait défaut pour la désigner d'une façon plus correcte. Ne pouvaient-ils pas dire tout simplement : *prodigus, cui a prætore curator datus est*, ou plus brièvement encore : *curatorem habens*, comme Dioclétien le dit du mineur pourvu d'un curateur général (1)?

Ainsi, pourquoi, par exemple, Paul (2), parlant des femmes auxquelles, selon M. Audibert (p. 129), s'appliquait le second système, c'est-à-dire la mise en curatelle sans interdiction, écrit-il, comme pour nous tromper : ET MULIERI QUÆ LUXURIOSE VIVIT, BONIS INTERDICI SOLET, alors qu'il lui était si facile d'être exact en mettant tout simplement : CURATOR DARI SOLET?

Dans le même ordre d'idées, la terminologie employée dans cette seconde partie du livre, et jusqu'au titre qu'elle porte : *les deux systèmes d'interdiction*, ne prêtent-ils pas le flanc à la critique? Car enfin, cela ne revient-il pas à dire qu'il y a eu à Rome deux espèces d'interdits : 1° ceux qui étaient interdits; 2° ceux qui ne l'étaient pas? Ceci n'est pas une querelle de mots. Non seulement cette manière de parler manque d'exactitude, mais encore elle a des dangers pour celui qui s'en sert. Lorsqu'on donne aux deux cas le nom d'*interdiction*, l'emploi des mots *is cui bonis interdictum est* par les jurisconsultes, à propos de l'un comme de l'autre indifféremment, n'a plus rien de trop choquant. On est alors exposé à ne pas remarquer la difficulté de premier ordre qui résulte du langage des prudents ou tout au moins à méconnaître la gravité de l'objection et à la laisser sans réponse.

15. Parmi les textes dans lesquels, suivant MM. Ubbelohde et Audibert, il serait question de prodigues simplement munis de curateurs, sans interdiction prononcée, il en est où le jurisconsulte ne s'est pas borné à employer les mots, pourtant si clairs, de : *quibus per prætorem bonis interdictum sit; cui bonis interdictum sit;* mais où, en outre, il a, par d'autres expressions encore, fait visiblement allu-

<hr>

(1) L. 3, C., *De in integr. rest.*, 2, 22.
(2) *Sent.*, III, 4°, § 6.

sion au décret d'interdiction et aux prohibitions qui y étaient conte-
nues. C'est, d'abord, la loi 10, *pr.*, D., *De curat fur.*, 27, 10. Les interdits ne peuvent rien transférer à autrui, dit Julien : *quia in bonis
non habeant,* cum eis deminutio sit interdicta. Ainsi, l'aliénation leur a
été interdite. Les jurisconsultes emploient des expressions analogues
lorsqu'ils parlent du préteur interdisant toute aliénation à un héritier
suspect, particulièrement lorsqu'il lui accorde un délai pour délibé-
rer : *quem prætor ut suspectum heredem* deminuere vetuit, dit Julien
dans la L. 7, § 5, D., *Pro emptore*, 41, 4. Bien mieux, Pomponius,
dans la L. 26, D., *De cont. empl.*, 18, 1, rapproche précisément le
prodigue « *cui bonis interdictum sit* » de celui « *cui tempus ad delibe-
randum ita datum sit, ut ei deminuendi potestas non sit.* » Dans ces cas,
le préteur, par une décision spéciale, interdisait l'aliénation ; les
rapprocher du cas du prodigue, c'est souligner encore la portée des
expressions « *is cui bonis interdictum est.* » Il nous semble que cela
rend bien difficile à contester l'existence réelle d'un décret d'interdiction dans les hypothèses prévues par ces textes. C'est ce que fait
pourtant le nouveau système.

16. Ajouterons-nous que ni les *Sentences* de Paul, ni les *Règles*
d'Ulpien, textes qui n'ont point passé par les mains de Justinien, ne
portent la trace d'une différence de capacité entre les prodigues ?
Paul nous parle de l'interdiction des femmes (III, 4a, § 6) à propos
du testament, et c'est aussi à la même place qu'il nous rapporte les
termes du décret traditionnel ; en effet, c'est de ce décret, c'est de
l'interdiction du *commercium* que résultait l'incapacité de tester.
Ulpien, d'ailleurs, le constate expressément (1). Tout cela implique
l'application aux femmes du décret d'interdiction ; pourtant, elles ne
rentraient sûrement pas dans les prévisions de la loi ancienne. Le
texte des *Sentences* est donc très défavorable à l'idée de la dualité
d'interdiction. Quant aux *Règles* d'Ulpien, bien qu'elles distinguent
nettement les cas de curatelle dative de ceux où s'ouvre celle des
agnats, on n'y trouve pas la moindre allusion à un double système
d'interdiction. On n'allègue pas pourtant que les différences de capacité que l'on imagine entre les prodigues aient disparu à cette époque.

17. On admet, au contraire, que ces différences subsistaient ; on se
borne à signaler, comme un acheminement vers une règle uniforme,
l'*Oratio Severi* qui défendait aux tuteurs et curateurs d'aliéner certains
immeubles. La jurisprudence, dit-on (2), étendit cette disposition à la
personne même placée en tutelle ou en curatelle. Le principe nouveau
dut, dit-on, s'appliquer, dès lors, à tous les prodigues qui avaient des

(1) Ulpien, *Règles*, XX, 13.
(2) Audibert, p. 236.

curateurs, et mettre, dans tous les cas, obstacle à l'aliénation des biens désignés par la loi, quelle qu'en fût la provenance. Ce fut, ajoute-t-on, un acheminement à l'adoption d'une règle uniforme.

Mais il faut remarquer qu'en se plaçant même au point de vue de ce système, les interdits *lege* n'étaient pas en curatelle en ce qui touche les biens qu'ils ne tenaient pas de leurs ancêtres. Or, la défense d'aliéner adressée aux curateurs par l'*Oratio Severi* ne pouvait naturellement concerner que les biens dont ces curateurs avaient l'administration et qu'ils auraient pu aliéner avant l'*Oratio*. Par conséquent, les dispositions de cette *Oratio* étaient et devaient logiquement rester étrangères aux biens dont les interdits *lege* avaient conservé, suivant nos savants collègues, l'administration sans contrôle. L'*Oratio Severi* n'a donc vraisemblablement pu exercer aucune influence en cette matière, ni acheminer à l'adoption d'une règle uniforme, et l'unification, reportée ainsi toute entière au temps de Justinien, reste sans explication.

18. Selon la théorie que nous discutons, l'unification aurait été réalisée par Justinien; il ne serait plus désormais question d'interdire expressément les prodigues. Si le point de départ de cette doctrine était exact, il faudrait, en tous cas, faire remonter plus haut encore la désuétude du décret d'interdiction. Il devait être bien rarement prononcé s'il ne s'appliquait qu'aux prodigues dissipant les biens reçus *ab intestat* de leur père. Cela exclut non seulement tous les prodigues enrichis par d'autres successions ou autrement que par succession, et ceux qui n'avaient pas d'agnats, mais encore tous ceux qui auraient été institués. Or, quand on songe combien les Romains tenaient à mourir testats, on arrive à cette conclusion que le nombre des prodigues *interdits* par décret aurait dû former une quantité négligeable. Comment se fait-il pourtant que l'usage de le prononcer subsistât à l'époque de Paul, qui en rapporte dans ses Sentences la teneur traditionnelle? S'il y a eu deux systèmes, l'unification était en tous cas, faite à l'époque où fut rédigée la *lex romana*; les Sentences, dans l'état où nous les possédons tout au moins, ne révèlent qu'un seul procédé applicable à tous les prodigues, et c'est celui de l'interdiction par un décret rendu dans les termes traditionnels. C'est dans ce sens-là, dans le sens de l'application extensive du décret, et non pas dans celui de sa suppression, que l'unification — si vraiment il y a eu ici quelque chose à unifier — se sera donc réalisée.

Désuétude du vieux décret ou son extension à tous les cas de prodigalité, voilà évidemment le dilemme entre les deux termes duquel il faut opter, s'il y a eu réellement deux systèmes simultanément usités; or, vu la rareté de ses cas d'application, le vieux décret aurait dû tomber en désuétude, nous venons de le voir; les textes nous montrent le contraire et rendent par conséquent invraisemblable la donnée qui forme notre point de départ, c'est-à-dire l'existence simultanée des deux systèmes.

19. Mais le vieux décret aurait dû tomber en désuétude pour une autre raison encore, s'il y avait eu à côté de lui un autre procédé, la mise en curatelle, produisant les effets qu'on lui attribue dans la doctrine de notre éminent collègue. Abstraction faite de la rareté des cas où il s'appliquait, il aurait dû être bien vite mis au rebut, car, comparé à l'autre procédé, il ne présentait que des inconvénients. En effet, selon M. Audibert, le prodigue frappé d'interdiction restait libre de dissiper tous ses biens présents et à venir autres que ceux lui venant de son père, notamment les riches successions qui pouvaient lui échoir, et cela, qu'on nous passe l'expression, à la barbe de ses curateurs légitimes et héritiers présomptifs qui devaient assister impuissants à ses dilapidations. Si, au contraire, on se bornait à lui faire nommer un curateur, son incapacité s'étendait à tout son patrimoine. Dans les deux cas d'ailleurs, on en convient, il perdait le droit de tester; le décret d'interdiction n'avait donc que des inconvénients (1), surtout pour les héritiers présomptifs du prodigue, et il aurait fallu être bien mal avisé pour y recourir : les agnats se garderont bien de provoquer l'interdiction; ils feront nommer un curateur!

Ainsi, non seulement dans ce système les cas d'application du décret devaient être excessivement rares, mais encore les personnes qui auraient pu provoquer l'*interdiction* proprement dite avaient le plus grand intérêt à s'en abstenir!

Comment alors en expliquer le maintien?

20. Et puis, cette dualité d'institutions eût abouti à un résultat bien singulier.

Dans cette doctrine, en effet, le prodigue interdit *lege*, n'étant inca-

---

(1) On dira pourtant : si les agnats se bornent à demander la nomination d'un curateur, le préteur nommera qui il voudra; s'ils provoquent l'interdiction, au contraire, la curatelle légitime s'ouvrira à leur profit. — Mais d'abord, même en provoquant l'interdiction, ils ne sauraient empêcher le préteur de nommer un curateur étranger, s'il ne juge pas l'agnat apte à remplir cette charge, et déjà, un demi-siècle avant Ulpien et Paul, cela arrivait souvent, au témoignage de Gaius (L. 13, D., *De curat. fur.*, 27, 10). S'ils sont capables et non suspects, le préteur les désignera ordinairement comme ayant plus d'intérêt que personne à la conservation des biens; cette charge leur incombe d'ailleurs plus naturellement qu'à un étranger. On ne voit donc pas quel intérêt majeur ils pourraient avoir à l'ouverture de la curatelle légitime : on ne prétendra pas, sans doute, qu'ils pussent s'approprier le capital ou dépenser à leur profit personnel les revenus de l'interdit; nous venons de voir, au contraire, qu'ils avaient un intérêt considérable à faire nommer plutôt un curateur datif.

pable qu'en ce qui touche les biens patrimoniaux, pourrait acquérir toutes les successions qui lui adviendraient.

Au contraire, le prodigue simplement mis en curatelle et réputé fou, d'après cette même doctrine, toutes les fois qu'il s'oblige, ne saurait faire adition d'hérédité, ce serait se charger du passif du défunt (1).

Mais, en vérité, c'eût été là une législation bien peu pratique! On aurait, en effet, accordé le droit d'acquérir des successions à l'interdit *lege*, à celui qui aurait pu les dissiper impunément, puisque son incapacité était, dit-on, restreinte aux *bona paterna avitaque*.

Et ce droit, on l'aurait refusé au prodigue en curatelle, qui précisément ne saurait dilapider les biens ainsi acquis, lui dont l'incapacité s'étendrait, dit-on, à tout son patrimoine!

Tout cela est bien invraisemblable.

21. A d'autres points de vue encore, le système de la dualité soulève des objections.

Si, comme l'enseigne notre éminent collègue, et comme nous sommes disposés à l'admettre dans une certaine mesure, l'assimilation de la prodigalité à la folie a joué un rôle en cette matière, ne voit-on pas que les incapacités découlant de cette idée ont dû naturellement être appliquées à tous les prodigues sans distinction? Si les prodigues sont fous, s'ils ont la monomanie de la dépense, comment le fait d'avoir reçu *ab intestat* la succession paternelle pourrait-il garantir de cette aberration mentale? Dès l'instant où cette idée de folie a été admise, le prodigue frappé d'interdiction a dû, ce nous semble, cumuler en sa personne et les incapacités découlant du décret et celles résultant de la monomanie. Comment, encore une fois, le fait que sa manie dépensière a été officiellement constatée pourrait-elle faire considérer un prodigue comme sain d'esprit, alors que le préteur n'hésiterait pas à le regarder comme fou et à lui nommer comme tel un curateur, si son père fût mort sans avoir testé?

22. Enfin, comment expliquer, dans ce système, l'incapacité de tester, qui frappait, on en convient (2), même ceux à qui le préteur s'était borné, si l'on en croit cette doctrine, à nommer un curateur?

La prononciation du décret traditionnel, interdisant le *commercium* au prodigue, l'empêche de prendre part à une mancipation, et par conséquent de tester; telle est l'explication d'Ulpien (3). Le décret produisait cette incapacité quand on ne connaissait que le testament *per æs et libram*; il continua à la produire malgré l'introduction de formes nouvelles.

(1) Audibert, p. 213 et suiv., 224 et suiv., 237.
(2) Audibert, p. 229.
(3) *Regulæ*, XX, 13 : *quoniam commercio illi interdictum est, et ob id familiam mancipare non potest.*

Mais sur quelle base juridique (1) fonder l'incapacité de ceux auxquels aucun décret d'interdiction n'était venu enlever la *testamenti factio?*

Cette difficulté n'a pas échappé à la sagacité de notre savant collègue; elle lui a même paru si grave qu'il avoue avoir cru, tout d'abord, qu'il fallait restreindre aux prodigues *interdits* l'incapacité testamentaire : « Toutefois, » ajoute-t-il p. 229, « un examen plus attentif des sources m'a contraint de reconnaître que le système de la jurisprudence avait, comme celui de l'ancienne loi, enlevé au prodigue la capacité de tester. »

Quant à la base juridique de cette incapacité, il n'y consacre qu'un mot (p. 231) : elle dériverait d'une assimilation entre le prodigue et le fou.

Les prodigues sont fous, soit! Mais cette folie est seulement partielle. M. Audibert a lui-même beaucoup insisté sur cette idée. « Le prodigue est sous l'empire de la folie toutes les fois qu'il s'agit d'actes auxquels son penchant l'entraîne; mais en toute autre circonstance il jouit de la plénitude de sa raison; » c'est « un monomane; sa folie consiste uniquement à dépenser toujours, à dépenser sans mesure (2). » « Le prodigue n'est traité comme fou que d'une manière toute relative, en tant qu'il fait des actes par lesquels il pourrait s'appauvrir (3). »

Mais le prodigue ne s'appauvrit pas quand il dispose pour après sa mort; et puis, quelle influence peut avoir sa manie dépensière sur son testament? Le prodigue ne dissipe pas pour dissiper; ce n'est pas un insensé qui jette à pleines mains son or dans la mer : c'est un être faible, incapable de résister aux entraînements, à l'attrait du luxe et du plaisir, sacrifiant tout à la passion du moment, ardent dans ses désirs, impatient et imprévoyant comme un petit enfant (4).

(1) Je ne dis pas : sur quel motif d'utilité pratique; on pourrait répondre : pour l'empêcher de déshériter par rancune ceux qui lui auraient fait nommer un curateur. L'utilité pratique ne suffit pas, il faut une base juridique.

(2) Page 169.

(3) Page 233.

(4) J'allais dire comme un enfant gâté; les petits enfants le sont souvent par leurs grands-parents. Un commentateur d'Horace, Porphyrion, cité par M. Audibert, p. 105, n. 2, voit même là l'explication du fait que le même mot, *nepos*, désigne en latin le petit-fils et le prodigue (*Epodes*, I, 34 : *nepotem... veteres ut prodigum ac luxuriosum dicebant, quia re vera solutiores delicatioresque vitæ solebant esse qui sub avo nutriuntur*. L'explication de M. Audibert, bien qu'ingénieuse, ne me satisfait pas : « La prodigalité consistait essentiellement dans le fait de dilapider le patrimoine constitué par les aïeux, et, par conséquent, elle ne pouvait être que le vice d'un petit enfant, *rei avitæ consumptor;* a loi ne voyait dans le prodigue que le descendant indigne, *nepos.* » *Nepos*

L'incapacité de tester reste donc inexplicable si l'on n'admet pas qu'elle résultait toujours du décret d'interdiction prononcé contre tous les prodigues sans exception.

23. Quant à l'incapacité d'être témoin, M. Audibert la rattache à la déconsidération, à l'espèce de flétrissure dont les mœurs frappaient les chefs de famille qui dilapidaient leur patrimoine. Cette explication serait acceptable pour le prodigue interdit. Mais il n'y a plus de déhonneur si on le considère comme un aliéné, un monomane; être témoin, cela n'a rien de commun avec sa monomanie; on ne voit donc pas du tout ce qui l'empêcherait de remplir cette fonction. Comme la précédente, cette incapacité résulte à notre gré de la privation du *commercium*; Ulpien la rattache expressément à la perte de la *factio testamenti* (1), et cette perte, le même jurisconsulte la fait découler de l'interdiction du *commercium* (2).

§ 3. — *Examen des preuves invoquées par Ubbelohde et Audibert.*

24. Examen des épreuves invoquées par cette théorie; traces que les deux procédés auraient laissées dans les sources : A. Traces dans les expressions : 1° Les termes du vieux décret qui limiteraient l'interdiction aux *bona paterna avitaque*. Invraisemblance à priori de cette limitation. — 25. Il faut lire *aere* et non pas *ea re* dans le décret : il défend toute mancipation (*commercium*) et toute opération concernant l'*æs*. Pratiquement, il équivaut à l'interdiction d'aliéner et de s'obliger. Les règles du Digeste en découlent, complétées par l'idée de folie qui explique l'absence d'obligation naturelle. — 26. Même en lisant *ea re*, toute limitation est inadmissible en présence de l'interdiction du *commercium* qui est absolue. Preuves. — 27. Le mot *commercioque* n'aurait d'ailleurs aucune utilité dans le système que nous discutons. — 28. Deuxième trace de forme qu'aurait laissée le double procédé : L. 1, pr., D., 27. 10. La phrase invoquée n'est pas d'Ulpien. — 29. Vraisemblablement dans le passage mutilé Ulpien exposait les distinctions suivant lesquelles était dévolue la curatelle; les compilateurs ont voulu au contraire consacrer la curatelle dative dans tous les cas. — 30. Troisième trace de forme : le mot LEGE dans l'expression : *is cui lege bonis interdictum est.* Ce mot signifie tout simplement : « celui qui a été interdit en vertu du prin-

signifie-t-il vraiment descendant *indigne*? — C'est, je crois, dans l'idée de faiblesse enfantine qu'il faut plutôt chercher l'explication du double sens de ce mot. Le prodigue est faible, prompt à tous les entraînements, comme un enfant. Que lui reproche le vieux décret? Sa mollesse, sa faiblesse, *nequitia*, mot qui me paraît apparenté au verbe *nequire*, ne pouvoir pas. On a aussi proposé de voir dans *nepos*, le verbe *posse* accompagné d'une négation, ce qui rentrerait tout à fait dans le même ordre d'idées, mais j'ignore si la philologie autorise ce rapprochement assez séduisant.

(1) L. 18, pr., D., *qui test. facere* : ... *merito ergo nec testis ad testamentum adhiberi poterit, cum neque testamenti factionem habeat.*

(2) *Regulæ*, XX, 13 : *Prodigus, quoniam commercio illi interdictum est, et ob id familiam mancipare non potest.*

cipe posé par la loi, » c'est-à-dire pour cause de prodigalité. — 30 *bis.* Quatrième trace : les mots « *ei..., cui, curatore dato, bonis interdictum est* » de
la L. 3, C. 2, 22. — 31. B. Traces que la dualité de procédé aurait laissées
dans les solutions des textes : Première trace : faculté de faire addition d'hérédité réservée, dit-on, à l'interdit *lege.* Pourquoi les prodigues pouvaient-ils
être institués? — 32. Quant à la faculté de faire addition, elle ne leur est enlevée ni par le décret, ni par l'assimilation du prodigue au monomane. —
33. Deuxième trace : loi *Marcellus* (L. 25, D., 46, 1), qui valide le cautionnement de l'obligation d'un prodigue. Ce texte supposerait, dit-on, un prodigue
interdit *lege,* donc resté capable de s'obliger. Mais alors comment le texte
peut-il refuser aux cautions l'action de mandat contre le prodigue?

24. Pour s'imposer à notre conviction, malgré des conséquences
parfois invraisemblables et des objections qui nous paraissent sérieuses, il faut que la théorie en question s'appuie sur de bien graves in-
dices.

Examinons donc les traces que le double système d'interdiction,
dont elle admet l'existence simultanée, aurait laissé dans les textes.
Ces traces peuvent se diviser en deux catégories : les unes concer-
nent la forme, elles consistent dans certaines expressions employées
par les textes; les autres regardent le fond du droit, ce sont des solutions impossibles à expliquer, dit-on, si l'on n'admet pas l'hypothèse
de deux systèmes distincts d'interdiction.

A. — *Traces dans les expressions.*

Et d'abord les termes du vieux décret démontreraient, dit-on,
l'existence d'un système d'interdiction essentiellement différent de
celui qu'on trouve consacré au Digeste.

On se rappelle ces termes :

« *Quando tibi bona paterna avitaque nequitia tua disperdis, liberosque
tuos ad egestatem perducis ob eam rem tibi ea re* (ou *ære*) *commercioque interdico.* »

Or, dit-on, la théorie classique de l'incapacité de l'interdit consiste
évidemment en ce que, resté capable de faire les actes qui rendent sa
condition meilleure — acquérir et devenir créancier — il devient
incapable d'accomplir ceux qui rendent sa condition pire : aliéner et
devenir débiteur (1).

Cette théorie, dit-on, diffère profondément de la prohibition prononcée par le préteur et ne saurait avoir son décret pour fondement.

(1) Sur ce dernier point il y a d'ailleurs des distinctions à faire : le Digeste
nous présente le prodigue comme capable d'accepter une succession, bien que
ce soit là s'obliger envers les créanciers héréditaires (L. 6, D., *De V. O.*, 45, 1);
il peut aussi s'obliger par ses délits.

En effet, l'interdiction se limite expressément aux *bona paterna avitaque* (*ea re... interdico*), tandis que les jurisconsultes classiques ne paraissent tenir aucun compte de la provenance des biens du prodigue pour déterminer les effets de l'interdiction. Valère-Maxime nous parle d'un personnage auquel le préteur ... *paternis bonis interdixit.* Il ajoute : « Celui qu'un père trop indulgent avait laissé pour héritier, fut exhérédé par la sévérité publique (1). » Enfin l'interdiction motivée par la dissipation des biens patrimoniaux devait, dit-on, avoir logiquement pour limites la sauvegarde de ces biens-là. On aurait dépassé le but en faisant bénéficier d'une protection organisée en vue des biens de famille, ceux qui provenaient d'une autre source.

Pour apprécier ces arguments, il faut remarquer tout d'abord que dans l'immense majorité des cas les prodigues n'auront pour toute fortune que leurs biens patrimoniaux ; ce n'est pas par leur travail et leur économie, en tous cas, qu'ils en acquéront d'autres, et qui songerait à les choisir pour héritiers ? L'interdiction absolue aurait d'ailleurs rempli parfaitement, et dans tous les cas, le but proposé ; dans des cas exceptionnels seulement elle l'aurait dépassé. Devons-nous supposer à priori que le législateur qui ne s'occupe que du *plerumque fit* (2), et surtout un législateur primitif, ait pensé à ces hypothèses peu fréquentes ? Et s'il y avait pensé, chose improbable, devrions-nous croire, chose plus invraisemblable encore, qu'il se fût préoccupé d'exclure ces biens non patrimoniaux de ses prohibitions, et dans quel but ? Pour réserver soigneusement au prodigue le droit de dissiper impunément tous les biens qui ne lui venaient pas directement de ses ancêtres, ce qui, d'ailleurs, ne les empêchera pas bien souvent d'être aussi des biens de famille, venus des aïeux, mais échus au prodigue par l'intermédiaire de collatéraux !

25. Pourtant, dira-t-on, le vrai peut quelquefois n'être pas vraisemblable ; en fait, cette limitation existait, car le décret portait . EA RE... *interdico.*

Mais précisément, la leçon *ea re* n'est pas sûre ; à la place de ces mots plusieurs manuscrits portent *aere* (*ære*), et Cujas penchait à suivre cette leçon (3).

Il y aurait d'ailleurs quelque chose de choquant dans cet emploi presque simultané des mots *ea res* dans deux sens entièrement différents : *ob* EAM REM *tibi* EA RE *commercioque interdico* ; les mêmes mots,

(1) Valère-Maxime, III, 5, 2.

(2) Les Romains reviennent avec insistance sur cette idée ; quatre fragments consécutifs la répètent sous diverses formes, au titre *De legibus* D., I, 3, L. 3, 4, 5, 6.

(3) Cujas sur Paul, *Sent.*, III, 4* : *In quibusdam codicibus hac in formula interdictionis pro ea re, legi ære, non omnino male.*

placés ainsi côte à côte, signifiant successivement : « *ce motif* » et « *ce patrimoine !* »

On comprend aisément d'ailleurs, si le manuscrit original portait *aere*, que le copiste, entraîné par le souvenir des quatre lettres $\overline{\text{EAM}}$ (*eam rem* avec l'abréviation usuelle des *m*) qu'il venait d'écrire, ait pu intervertir l'ordre des deux premières lettres du mot suivant et écrire *eare* au lieu de *aere*.

En suivant cette leçon, autorisée, nous le répétons, par plusieurs manuscrits, il n'y a plus rien qui choque. Le préteur interdit au prodigue le *commercium*, qu'Ulpien (1) définit : *jus emendi vendendique*, plus clairement le droit de figurer à un titre quelconque dans une mancipation; il lui interdit aussi le maniement de l'*æs : aere... interdico*. Comment, dans le très ancien droit, le prodigue, déjà empêché d'aliéner par l'interdiction du *commercium*, pourrait-il encore dilapider son patrimoine ? De deux façons seulement : en empruntant, en recevant payement de ses débiteurs et en dissipant dans les deux cas l'argent touché. Or, les emprunts se font par le *nexum*, opération *per æs et libram*, les débiteurs reçoivent aussi quittance *per æs et libram* (2); l'interdiction de l'*æs*, jointe à celle du *commercium*, enlève donc au prodigue tous les moyens de se ruiner que pouvait prévoir le très ancien droit romain; pratiquement, elles l'empêchent d'aliéner et de s'obliger. Julien, L. 10 pr., D., *De curat. fur.*, 27, 10, interprétait bien le vieux décret comme interdisant toute aliénation, quand il disait des prodigues : *cum eis deminutio sit interdicta*. Cette incapacité d'aliéner était d'ailleurs suffisante pour sauvegarder les biens héréditaires (autres que les créances dont le prodigue aurait pu dissiper le montant), tant que les obligations ne furent pas exécutoires sur les biens, mais seulement sur la personne du débiteur. Lorsque l'exécution sur les biens fut admise, l'interdiction d'aliéner entraîna naturellement l'incapacité de s'obliger, car alors s'obliger ce fut aliéner indirectement. Prohiber l'aliénation, voilà en effet l'esprit qui se dégage du vieux décret; on appliquera cette défense sans hésitation à tous les modes d'aliénation reconnus plus tard, bien que le préteur n'en prohibe littéralement qu'un seul, la mancipation; de même, on annulera toute obligation contractée par le prodigue par la *sponsio* ou tout autre contrat, bien que le décret ne parle pas de ces manières de s'obliger, peut-être inconnues à l'époque très ancienne où fut arrêtée sa formule. D'ailleurs, nous venons de le rappeler, depuis l'organisation des voies d'exécution sur les biens, s'obliger c'est aliéner; par conséquent, alors même que le vieux décret n'aurait pas

---

(1) *Regulæ*, XIX, §§ 3 et 4.
(2) Gaius, III, §§ 173 et suiv.

contenu le mot *ære*, ou qu'il ne faudrait pas l'interpréter, comme nous l'avons fait, par l'interdiction du *nexum* et de la *solutio per æs et libram*, la jurisprudence romaine n'en aurait pas moins pu déduire très légitimement de l'interdiction d'aliéner manifestement contenue dans l'expression *commercioque interdico*, la nullité des obligations contractées par le prodigue.

Avec cette interprétation du décret, il ne serait plus possible de dire, comme on l'a fait (1), que les règles d'incapacité écrites au Digeste n'ont pu en être déduites, que le lien logique entre elles et lui fait complètement défaut. Pour expliquer tous les textes, il suffirait, je crois, de tenir compte aussi de la notion nouvelle, — l'assimilation du prodigue à un monomane, — qui vint, à mon gré, non pas remplacer les prohibitions du décret, mais se superposer à elles. Cette idée explique pourquoi la promesse d'un prodigue, assimilée à celle d'un fou, n'engendre pas même d'obligation naturelle (2). Le décret empêche le prodigue de s'obliger civilement ; la présomption de folie l'empêche de s'obliger même naturellement.

26. Au surplus, alors même que l'on préférerait la leçon « *ea re,* » l'on n'arriverait pas pour cela à une interdiction limitée aux biens patrimoniaux. Car, à côté des mots contestés resterait toujours l'expression : *commercioque interdico*, que rien ne vient limiter. Le *commercium* est interdit au prodigue d'une manière générale, absolue ; restreindre cette prohibition à certains biens, c'est prêter au texte et même, nous allons le voir, se mettre en contradiction avec lui. On dit (3) : « Les mots *commercio interdico* paraissent avoir une portée absolue parce qu'on les isole ; mais, dans la formule dont ils font partie, leur signification s'éclaire. » — C'est oublier la conjonctive QUE : *commercioque*. Elle marque une prohibition distincte, venant s'ajouter à la précédente et non pas limitée par celle-ci. Traduire le texte comme si, au lieu de : *ea re commercioque interdico*, il y avait : *ea re et, quod ad eam rem pertinet, commercio interdico*, c'est tomber dans l'arbitraire le plus complet. Isolé ou dans la formule, le mot *commercioque* a une portée absolue qu'il faut reconnaître.

Enfin, ce n'est pas seulement le vieux décret qui nous parle de l'interdiction du *commercium*, c'est encore Ulpien dans un texte qui n'a, pas plus que celui des *Sentences*, passé par les mains des compilateurs byzantins. Le jurisconsulte nous dit (4) que le prodigue est incapable de tester : « *Quoniam commercium illi interdictum est, et ob*

(1) Audibert, p. 145, 146.
(2) Voyez, plus bas, n° 33, la loi *Is qui bonis* (L. 6, D., *De V. O.*, 45, 1).
(3) Audibert, p. 211.
(4) *Regulæ*, XX, 13.

id familiam mancipare non potest. » Ulpien ne fait aucune restriction, c'est bien d'une interdiction générale du *commercium* qu'il entend parler, et de cette interdiction générale il déduit la nullité d'un acte spécial pour lequel la jouissance du *commercium* est exigée. Le jurisconsulte se serait exprimé d'une manière bien inexacte si l'interdiction du *commercium* n'avait concerné que les *bona paterna avitaque.* Ce texte nous paraît décisif : on ne peut plus dire ici que les mots : *commercium illi interdictum est* semblent avoir une portée absolue parce qu'on les isole du reste de la phrase ; loin de là, ici le reste de la phrase confirmerait plutôt la portée absolue qu'ils ont naturellement. On a dit qu'il n'est pas logique, après avoir limité l'interdiction aux biens patrimoniaux par les mots : *ea re... interdico,* de prononcer une exclusion absolue du *commercium.* Par cela seul qu'il y avait des biens dont la disposition n'était pas enlevée au prodigue et qui demeuraient en dehors de la curatelle, il devait conserver le droit d'agir sur eux (1). Mais, en supposant la leçon *ea re* exacte, cette observation montrerait tout simplement que le législateur n'avait pas envisagé l'hypothèse assez rare où le prodigue aurait d'autres biens, ce qui n'a rien d'étonnant. Enfin, si l'on trouvait par trop choquant le rapprochement d'une prohibition limitée à certains biens (*ea re*) et d'une prohibition absolue (*commercioque*), ce serait une raison de plus de rejeter la leçon *ea re* qui n'est pas sûre, tandis que les mots *commercioque* sont certains.

27. Ces derniers mots n'auraient d'ailleurs aucune utilité, aucune portée pratique dans la doctrine que nous discutons. Par la vertu des mots : *ea re... interdico,* le prodigue se voyait interdit tout acte concernant ses biens patrimoniaux ; à quoi eût-il servi de dire qu'il ne pourrait pas sur les mêmes biens faire des actes qui impliquent la jouissance du *commercium*? Cette objection, comme beaucoup d'autres, a été prévue par notre savant collègue : « La déchéance du *commercium,* » dit-il (p. 219), « aurait au moins pour effet d'enlever au prodigue le droit de disposer par testament. Elle entraînait à ce point de vue une incapacité qui, sans doute, ne serait pas résultée des simples mots : *ea re interdico.* »

Cette réplique écarte-t-elle vraiment l'objection? Les mots : *ea re interdico,* auraient à eux seuls, on en convient, empêché le prodigue de manciper isolément le moindre de ses biens patrimoniaux ; comment ne l'eussent-ils pas empêché *a fortiori* de les manciper tous en bloc? N'oublions pas que le testament *per aes et libram* se présente en la forme comme une aliénation entre vifs, et qu'à l'origine il a été

(1) Audibert, p. 211.

réellement une aliénation fiduciaire, Gaius l'indique clairement (1). Le système qui limite aux biens patrimoniaux l'interdiction du *commercium* n'échappe donc pas au reproche de faire du mot *commercioque* du décret une redondance inutile.

28. Voici une deuxième trace que la prétendue dualité des procédés d'interdiction aurait laissée dans les expressions de nos sources. — Il est un texte que M. Ubbelohde et après lui M. Audibert (2) considèrent comme un argument fondamental de leur système. C'est la L. 1, D., *de curat. furioso*, XXVII, 10. Ils y trouvent les éléments d'une véritable histoire de l'interdiction :

Ulpianus, lib. I, ad Sab. — D., XXVII, 10, *de curatore furioso*, Loi 1 : *Lege duodecim tabularum prodigo interdicitur bonorum suorum administratio, quod moribus quidem ab initio introductum est.* [*Sed solent hodie prætores vel præsides, si talem hominem invenerint qui neque tempus neque finem expensarum habet, sed bona sua dilacerando et dissipando profundit, curatorem ei dare exemplo furiosi*] : *et tamdiu erunt ambo in curatione quandiu vel furiosus sanitatem vel ille sanos mores receperit : quod si evenerit, ipso jure desinunt esse in potestate curatorum.*

§ 1. *Curatio autem ejus, cui bonis interdicitur, filio negabatur permittenda, sed exstat divi Pii rescriptum filio potius curationem permittendam in patre furioso, si tam probus sit.*

D'après ces auteurs, ce texte contiendrait une antithèse entre l'interdiction prononcée *lege XII tabularum*, — c'est-à-dire contre un héritier *ab intestat* dissipant des biens patrimoniaux, — et la coutume qu'ont les magistrats de donner des curateurs aux autres prodigues. Voici, selon eux, le point culminant du texte, celui où Ulpien nous indiquerait l'idée fondamentale du nouveau système d'interdiction qu'il opposerait à l'interdiction *lege* : « Les magistrats, » dit-il, « ont coutume de nommer des curateurs au prodigue *exemplo furiosi*, comme s'il s'agissait d'un *furiosus*, en d'autres termes en les considérant comme des aliénés (3). »

Mais toute cette ingénieuse argumentation s'évanouit si l'on considère que la phrase commençant par les mots : *Sed solent hodie...* n'est certainement pas d'Ulpien. On croit y trouver les éléments d'une histoire de l'interdiction ; mais notre texte manque précisément de la qualité indispensable à un document historique : l'authenticité. Il est interpolé, M. Audibert le reconnaît lui-même, au moins pour le membre de phrase : *si talem... profundit.*

<hr>

(1) Gaius, II, §§ 102 et suiv.
(2) P. 147 et suiv.
(3) Audibert, p. 150, 152, 331, VI.

Mais si le reste de la phrase était authentique, si Ulpien avait écrit : *Sed solent hodie prætores vel præsides curatorem ei dare exemplo furiosi*, dans quel but, je le demande, les compilateurs auraient-ils inséré la période ronflante : *si talem... profundit?* Comme les impenses, les interpolations sont ou nécessaires, ou simplement utiles; veut-on qu'il y en ait aussi de voluptuaires faites pour le plaisir d'interpoler? Mais celle-ci dépasserait toutes les bornes! Non, non! toute la phrase appartient aux compilateurs, au moins jusqu'à : *et tamdiu* (1).

En tous cas, il est impossible de savoir au juste où commence et où finit l'interpolation; notre savant collègue lui même ne précise pas la manière dont aurait été rédigé le texte d'Ulpien; le texte est altéré, il en tombe d'accord, cela suffit pour que nous soyons autorisés à l'écarter du débat; il serait imprudent de bâtir quoi que ce soit sur ce terrain miné.

29. On peut d'ailleurs conjecturer avec vraisemblance ce qu'Ulpien disait à la place où les compilateurs étalent maintenant leur style prolixe et ampoulé. Avant de se demander si le fils peut-être nommé curateur de son père interdit, question de détail qui suppose déjà posés les principes généraux sur l'organisation de la curatelle des prodigues, Ulpien, dans son traité *ad Sabinum*, comme dans ses *Regulæ* (2), mais avec plus de détails sans doute, expliquait les diverses espèces de curatelles auxquelles le prodigue pouvait être soumis: curatelle légitime des agnats s'il avait hérité *ab intestat* de son père, curatelle dative dans les autres cas.

A la place de ces développements nécessaires, les compilateurs auront glissé la phrase : *Sed solent hodie... exemplo furiosi.* Dans quel but? Tout simplement pour exprimer un fait que M. Audibert lui-même a récemment mis en lumière : la transformation de la curatelle légitime en curatelle dative (3). Dans cet article, notre savant collègue rapproche avec raison de la L. 1, D., 27, 10, reproduite ci-dessus, un passage des *Institutes*, où nous retrouvons les mêmes expressions (4) :

Furiosi quoque et prodigi ..... in curatione sunt agnatorum ex lege duodecim tabularum. SED SOLENT ROMÆ PRÆFECTUS URBI , VEL PRÆTÔR, ET IN PROVINCIIS PRÆSIDES EX INQUISITIONE EIS CURATORES DARE.

Puis il commente ainsi les deux textes, dont fait partie, ne l'ou-

<hr>

(1) J'inclinerais à croire que la phrase *et tamdiu... in potestate curatorum* est d'Ulpien, parce qu'elle s'accorde assez bien avec le témoignage de Paul. *Sent.*, III, 4°, §§ 5 et 12, d'après lequel l'incapacité du fou et du prodigue cesse par leur retour à la santé ou aux bonnes mœurs.

(2) *Regulæ*, XII, §§ 1, 2, 3.

(3) *Nouvelle Revue historique*, 1892, p. 310-329.

(4) Inst., *De curatoribus*, I, 23, § 3.

blions pas, notre fameuse L. 1, *pr.*, D. 27, 10 : « Pour démontrer que, dans le dernier état du droit, la curatelle est toujours dative, on cite deux textes, tirés l'un du Digeste et l'autre des *Institutes*, qui *paraissent en effet décisifs* (1). Tous deux rappellent la disposition des Douze Tables qui défère la curatelle aux agnats (2), et tous deux ajoutent sans faire aucune distinction : *Sed solent... sed solent hodie...* ; mais aujourd'hui, c'est par les préteurs ou les gouverneurs de province que les curateurs sont nommés (3).

Et plus loin (4), parlant de ces deux mêmes textes, l'auteur ajoute : « Nous n'avons pas à revenir sur les passages déjà cités des *Institutes* et du Digeste, où il est dit expressément que les agnats viennent à la curatelle, et que, toutefois, les curateurs sont, dans tous les cas, nommés par le magistrat. »

Voilà, ce nous semble, la véritable interprétation du texte. Comme nous l'empruntons à notre savant collègue lui-même, et qu'il nous suffit ainsi d'en appeler de son livre à son article, nous croyons inutile d'insister davantage sur ce point. Il ne s'agit pas, dans la L. 1, d'une distinction entre deux systèmes d'interdiction, mais de la manière dont est désigné le curateur. Quant aux mots *exemplo furiosi*, dont on a cherché à tirer un si grand parti, à mon gré ils veulent dire tout simplement que la curatelle du prodigue est déférée de la même façon que celle du fou. De la sorte, ce texte dit exactement la même chose que le passage des Institutes, où le fou et le prodigue sont aussi mis sur le même pied, passage que M. Audibert a rapproché à bon droit de la L. 1 : *Sed solent Romæ præfectus urbi, et in provinciis præsides ex inquisitione eis* (c'est-à-dire au prodigue et au fou) *curatorem dare.*

30. On invoque encore, comme trace d'un double système d'interdiction, le mot *lege* dans la locution : *is cui lege bonis interdictum est*, que l'on rencontre dans trois textes d'Ulpien.

L. 18 pr., D., *De curat. fur.*, 27, 10 : *Is cui* LEGE *bonis interdictum est, testamentum facere non potest (Ulpianus, lib. I ad Sab.).*

L. 5, § 1, D., *De adq. vel om. hered.*, 29, 2 : *Eum cui* LEGE *bonis in-*

---

(1) C'est nous qui soulignons.

(2) A vrai dire, la L. 1, D., 27, 10, dans son état actuel, ne parle pas des agnats, mais évidemment, comme nous venons de le voir, Ulpien devait en parler à la place où les compilateurs ont écrit la phrase : *Sed solent*, etc. Cette substitution est si claire, qu'en parlant de ce texte notre éminent collègue se réfère instinctivement plutôt à ce qu'y disait sûrement Ulpien qu'à ce que nous y lisons aujourd'hui.

(3) *Nouvelle Revue historique*, 1892, p. 311.

(4) *Ibid.*, p. 322.

terdicitur, heredem institutum posse adire hereditatem constat (Ulpianus, ibidem).

Mutus, surdus, furiosus, itemque prodigus cui LEGE *bonis interdictum est, testamentum facere non possunt (Ulpianus, Reg., XX, 13).*

Dans tous les autres textes on dit simplement : *is cui bonis interdictum est,* sans ajouter *lege.*

Or, dit-on, l'expression LEGE *bonis interdictum est* ne saurait convenir à ceux qui étaient interdits en dehors des conditions prescrites par la loi des Douze Tables (1) ; donc les textes où ce mot *lege* ne se trouve pas doivent désigner un autre système d'interdiction.

Mais M. Audibert admet lui-même (2) que la loi s'était probablement bornée à décider en principe que le prodigue frappé d'interdiction serait soumis à la curatelle de ses agnats. Quant aux termes du décret dans lesquels on trouve la trace des conditions requises anciennement pour l'interdiction, ils auraient été fixés par la coutume.

Dès lors, le mot *lege* ne saurait signifier : « *dans les conditions déterminées par la loi des Douze Tables,* » puisque notre éminent collègue pense, — contrairement à l'opinion de Voigt, mais avec raison, je crois, — que cette loi ne précisait pas ces conditions !

Si, comme il l'enseigne (3), la loi se bornait à poser le principe de l'interdiction, les mots : *is cui lege bonis interdictum est* signifient tout simplement : « celui qui a été interdit en vertu du principe posé par la loi des Douze Tables, » en d'autres termes : *l'interdit pour cause de prodigalité* (4).

D'ailleurs, lorsque Ulpien mentionne l'incapacité de tester — qu'il fait découler de la privation du *commercium,* et qui devrait par conséquent être spéciale aux interdits *lege* — il désigne le prodigue indifféremment en insérant (5) ou en n'insérant pas (6) le mot *lege* dans

(1) Audibert, p. 183. Ces conditions seraient la dissipation de biens recueillis *ab intestat* dans la succession des ascendants paternels. Peut-être faudrait-il ajouter l'existence d'agnats.

(2) Page 87.

(3) Page 87.

(4) Cette interdiction, nous l'avons vu, se résume en une prohibition d'aliéner : *deminutio interdicta ;* le prodigue n'est pas la seule personne à laquelle le préteur intime cette défense ; il l'adresse encore à l'héritier suspect, par exemple ; voyez L. 7, § 5, D., *De usurp.,* 41, 3 ; L. 10, D., *De curat. furioso,* 27, 10.

(5) *Regulæ,* XX, 13, et L. 18, D., *Qui test. fac.,* 28, 1 (Ulp., lib. I, ad Sab.).

(6) L. 1, § 9, D., *De bon. pos. sec. tab.,* 37, 11 (Ulp., lib. 39, ad Ed.). Je sais bien qu'on aurait la ressource d'imaginer que les compilateurs ont ici biffé le mot *lege.* Mais alors pourquoi le laisser subsister ailleurs ? Dira-t-on qu'il choquait les commissaires de la série édictale, mais non pas ceux qui étaient chargés de compiler la série sabinienne ? — Et puis, à quoi serviraient ces con-

l'expression *is cui bonis interdictum est*. Ce mot *lege* n'a donc pas l'importance qu'on lui attribue.

30 *bis*. Une quatrième trace, et non la moins importante, de la dualité des procédés d'interdiction, se trouverait dans un rescrit de Dioclétien déjà cité :

L. 3, C., *De in int. rest.*, II, 22 : *Si curatorem habens minor quinque et viginti annis post pupillarem ætatem res vendidisti, hunc contractum servari non oportet, cum non absimilis ei habeatur minor curatorem habens cui a prætore curatore dato bonis interdictum est.*

« *Is cui a prætore curatore dato bonis interdictum est* » signifierait, d'après l'auteur (p. 302), « que c'est de la nomination du curateur que résulte l'interdiction du prodigue, et, par suite, son incapacité. » A côté de l'interdiction par décret, il y aurait donc eu une interdiction par simple nomination d'un curateur : *curatore dato*. Ce n'est pas seulement une trace de ce procédé que l'on trouverait ici, ce serait la constatation expresse de son existence !

N'est-ce pas faire dire beaucoup de choses à un ablatif absolu ? Le sens qu'on attribue au texte est-il le seul qu'il puisse avoir, et la phrase en question ne peut-elle pas vouloir dire tout simplement : « Celui que le préteur a interdit en lui donnant en même temps un curateur? » L'ablatif absolu ne marque pas seulement que le fait qu'il exprime a causé ou précédé un autre fait, il peut aussi indiquer que les deux faits sont contemporains.

On insistera peut-être en ajoutant qu'en interprétant le texte comme nous le faisons, les mots *curatore dato* deviennent inutiles, et qu'alors Dioclétien aurait dit tout simplement : *cum non absimilis ei habeatur minor curatorem habens cui a prætore bonis interdictum est*, sans ajouter : *curatore dato*.

Mais si le rescrit relève, à côté de l'interdiction, la nomination d'un curateur, c'est que c'est par ce côté-là que le mineur ressemble au prodigue : tous les deux ont un curateur. De cette ressemblance au point de vue de la curatelle, le texte conclut à une certaine analogie (*non absimilis*) au point de vue de la capacité.

J'admettrais à la rigueur qu'au temps de Dioclétien le vieux décret fût tombé en désuétude, et que la nomination d'un curateur, *motivée expressément sur la prodigalité*, produisit tous les effets de l'interdiction, constituât une véritable interdiction. De la sorte, la nomination

jectures greffées sur des conjectures? Il paraît bien certain, — M. Audibert l'enseigne, — que l'incapacité de tester était commune à tous les prodigues; il en résulte qu'Ulpien, en employant le mot *lege* dans les textes cités à la note précédente n'avait pas l'intention de restreindre cette incapacité à une espèce particulière d'interdit. Le mot *lege* n'a donc aucune importance.

du curateur, voilà ce qui occupe le premier plan ; le reste du décret prétorien ne fait qu'en indiquer la cause. Cette nomination sera d'ailleurs motivée expressément sur la minorité, la prodigalité ou la folie ; cela est essentiel, car les effets diffèrent selon les cas. Mais, ce que je ne puis croire, c'est que toutes les fois qu'il s'agissait d'un institué ou d'un affranchi prodigue, le préteur, — en dehors de cas très exceptionnels (1), — motivât la dation du curateur sur un état de folie. S'il se fût agi d'un cas de ce genre dans le rescrit de Dioclétien, l'empereur aurait dit : *non absimilis... ei cui a Prætore, exemplo furiosi, curator datus est*, et non pas : *ei cui a Prætore, curatore dato, bonis interdictum est*, ce qui indique très clairement, à mes yeux, la prononciation par le préteur d'un décret d'interdiction ; *a Prætore* se rapportant au verbe *interdictum est* avec autant de vraisemblance, sinon plus, qu'au participe *dato*. Je traduirais donc plutôt : « A celui à qui le préteur a interdit l'administration de ses biens et donné un curateur. »

Voilà la dernière, et peut-être la plus spécieuse, des traces que la dualité prétendue des procédés d'interdiction aurait laissée dans les *expressions* des sources.

B. — *Traces que la dualité d'interdiction aurait laissées dans les solutions de certains textes.*

31. Elles se réduisent à deux :

1° La disposition qui permet au prodigue de faire adition d'hérédité : L. 5, § 1, D., *De adq. her.*, 29, 2 : *Ulpianus lib. 1 ad Sabinum : Eum qui* LEGE *bonis interdicitur, heredem institutum posse adire hereditatem constat* (2).

Cette capacité d'accepter une succession ne s'appliquait, dit-on, qu'au prodigue interdit *lege*. Elle s'explique dans ce cas, parce qu'alors le prodigue reste capable de s'obliger, par conséquent d'endosser le passif héréditaire : les *bona paterna avitaque* sont seuls soustraits aux effets de ses actes. Du même coup, on croit démontrer par ce texte que l'interdiction du *commercium* qui frappait ce prodigue était limitée aux mêmes biens ; sans cela, dit-on, comment expliquer qu'il

____

(1) Voyez, plus haut, n° 13 et la note.

(2) Lenel, *Das Sabinus system*, p. 20, n. 2, pense que ce texte était originairement conçu en ces termes : *Eum cui lege bonis interdicitur, cum cretione institutum posse cernere constat.* Voyez une autre restitution, dont Lenel dit qu'elle renverse l'ordre naturel des idées, dans Kipp, *Vierteljareschrift*, t. XXXIII, p. 568.

puisse être institué héritier? L'institué, ajoute-t-on, doit nécessairement avoir le *commercium* (1).

Mais nous avons déjà vu qu'il eût été bien peu pratique de permettre de recueillir des successions aux interdits *lege*, c'est-à-dire précisément à ceux qui, dans ce système, auraient pu impunément les dissiper.

D'ailleurs, le texte précédent s'explique de la façon la plus simple :

L'interdiction absolue du *commercium* qui frappait, selon nous, les prodigues n'a empêché l'interdit d'être institué héritier que pendant l'époque reculée où, dans le testament *per æs et libram*, c'était l'héritier qui jouait le rôle de *familiæ emptor* (2). Ne pouvant personnellement prendre part à une mancipation, l'interdit ne pouvait alors être institué. Mais, même alors, je ne vois pas ce qui eût empêché l'un des fils du prodigue de jouer ce rôle de *familiæ emptor*; croit-on que les enfants de l'interdit aient perdu, eux aussi, le *commercium*? Et ce que je dis des enfants, on pourrait sans doute le dire aussi des esclaves. Autrement, c'eût été bien gênant pour les curateurs qui n'auraient pu employer ces esclaves comme instruments d'acquisition. Donc, même à cette époque reculée, l'interdit a pu être institué héritier indirectement. Depuis que l'institué n'a plus besoin de venir jouer son rôle dans la *mancipatio familiæ*, il n'importe plus du tout qu'il ne jouisse pas du *commercium*, s'il est d'ailleurs citoyen romain. C'est le cas du prodigue. Au surplus, cette interdiction du *commercium* n'a vraiment d'autre but que de prohiber les aliénations (3); ce serait donc une interprétation bien peu intelligente que d'en déduire l'incapacité d'acquérir.

82. Ainsi s'explique aisément la capacité d'être institué, reconnue par Ulpien aux prodigues, à tous les prodigues : *lege* n'a pas plus d'importance ici qu'ailleurs. Pour le jurisconsulte, d'ailleurs, cette capacité va de soi, et sa décision porte seulement sur la question de savoir si, une fois institué, il va pouvoir faire adition.

Eh bien, cette faculté de faire adition le prodigue l'a aussi. Elle ne lui est retirée, en effet, ni par les termes du vieux décret, ni par les idées nouvelles sur la folie des prodigues.

Ni par le vieux décret, soit en la forme, soit au fond; en la forme, le *commercium* n'est pas en jeu dans l'adition de l'hérédité; au fond, il s'agit ici plutôt d'acquérir que d'aliéner.

Ni par les idées nouvelles sur la folie des prodigues. Cette folie est une folie partielle, la manie de la dépense; il est fou « toutes les fois

(1) Audibert, p. 212.
(2) Gaius, II, § 103.
(3) *Cum eis deminutio sit interdicta*, L. 10, D., *De curat. fur.*, 27, 10.

qu'il s'agit d'actes auxquels son penchant l'entraîne, mais, en toutes autres circonstances, il jouit de la plénitude de sa raison (1). »

Manifestement, l'adition d'hérédité ne rentre pas dans la catégorie des actes auxquels le pousse un penchant irrésistible. Le prodigue est tout aussi capable qu'un autre d'apprécier si la succession est bonne ou mauvaise. S'il a du penchant à s'endetter, c'est pour satisfaire ses caprices, sa manie dépensière ; l'acceptation d'une succession obérée ne lui procurerait aucune satisfaction de ce genre.

D'un autre côté, il y aurait d'énormes inconvénients à l'empêcher d'accepter ; ce serait priver ses enfants de toutes les successions de leurs proches et de leurs amis, car instituer personnellement des enfants de famille, c'est, en droit romain, instituer le père. *Ab intestat,* étant le plus proche, il peut seul recueillir.

Ainsi, tirer de l'idée de monomanie la conséquence que le prodigue ne pouvait accepter des successions, c'eût été non seulement mal raisonner, mais, ce qui est bien pis, aboutir à une solution contraire au but poursuivi, souvent désastreuse pour des innocents ; rien de plus contraire au robuste bon sens, au génie pratique des Romains.

33. Voici maintenant la seconde trace que la prétendue dualité d'interdiction aurait laissée dans nos sources.

Un texte d'Ulpien, la loi *Is cui bonis* déclare nul le cautionnement de l'obligation d'un prodigue ; celui-ci ne contracte même pas d'obligation naturelle, son engagement est aussi radicalement nul que celui d'un fou (2).

Cela s'explique très facilement par l'idée de monomanie ; le prodigue est fou quand il veut faire des dettes.

Mais ici se présente une des plus difficiles antinomies du Digeste ; elle donne lieu à une discussion intéressante. Avec M. Audibert, l'exégèse elle-même perd ses aridités.

En effet, un autre texte, également d'Ulpien, est en contradiction manifeste avec le premier. Il admet qu'on peut valablement cautionner un prodigue.

C'est la loi *Marcellus* (3) ainsi conçue : *Ulpianus lib. 11 ad Edictum: Marcellus scribit, si quis pro pupillo sine tutoris auctoritate obligato* prodigove *vel furioso fidejusserit, magis esse ut ei non subveniatur, quoniam his mandati actio non competit.*

« Marcellus décide que si l'on a cautionné un pupille obligé sans

<hr>

(1) Audibert, p. 169.

(2) L. 6, D., *De verb. obl.*, 45, 1 : *Ulpianus lib. I ad Sabinum : Is cui bonis interdictum est stipulando sibi adquirit, tradere vero non potest, vel promittendo obligari, et ideo nec fidejussor pro eo intervenire potest, sicut nec pro furioso.*

(3) L. 25, D., *De fidej.*, 46, 1.

l'*auctoritas* de son tuteur, un prodigue ou un fou, il vaut mieux ne pas secourir les cautions qui, en pareil cas, n'ont pas l'action *mandati* pour recourir contre le débiteur principal. » Le cautionnement serait donc valable !

Pour éviter l'antinomie, M. Audibert, p. 290 et suiv., admet d'abord que les mots *vel furioso* constituent une maladroite interpolation et doivent être rayés du texte.

Puis, il suppose qu'à la suite du mot *prodigove*, Ulpien avait écrit : *cui* LEGE *bonis interdictum est*, phrase que les compilateurs auraient supprimée (1).

Selon M. Audibert, la loi *Marcellus* parlait d'un prodigue interdit *lege*, c'est-à-dire soumis, toujours d'après notre savant collègue, « à un système d'interdiction *qui ne l'empêche pas de s'obliger* (2). »

Mais, s'il s'agissait d'un prodigue capable de s'obliger envers son créancier, il serait aussi capable de s'engager par le mandat qu'il a donné à sa caution. La caution aurait donc l'action de mandat contre lui. Or, le texte nous dit précisément le contraire : *mandati actio non competit!*

Donc la conciliation proposée doit être abandonnée. N'allons pas, pour éviter une antinomie avec la loi *Is cui bonis*, introduire la contradiction dans le texte même de la loi *Marcellus!* Tout s'explique par l'inepte interpolation des mots : *prodigove vel furioso*. C'est là une de ces interpolations généralisantes si fréquentes au Digeste (3); les compilateurs en ont bien d'autres, tout aussi inconsidérées, sur la conscience et qui ont fait longtemps la torture des commentateurs (4).

(1) Le texte aurait été originairement ainsi conçu : *Marcellus scribit : si quis pro pupillo sine tutoris auctoritate* [*obligato*] *promittente prodigove* [*vel furioso*] *cui lege bonis interdictum est spoponderit vel fidepromiserit, magis esse ut* [*ei*] *sponsori vel fidepromissori non subveniatur, quoniam his mandati actio non competit.* Nous mettons en caractères ordinaires ce que cette restitution ajoute au Digeste, et entre crochets ce qu'elle y retranche.

(2) Audibert, p. 291.

(3) Voyez Gradenwitz, *Bullettino dell'Istituto di diritto romano*, 1ʳᵉ année.

(4) L'interpolation est admise par Pernice, *Zum röm. Sacralr. : Sitzungsber, der Königl. Preuss. Akad. der Wissensch.*, 1886, p. 1192, n. 2. — Lenel, *Paling., Ulpien*, 401. — Gradenwitz, *Interpolationen*, p. 37. — MM. Ubbelohde et Audibert la concèdent pour les mots « *vel furioso.* » — La mention du prodigue et celle du fou ont sûrement été ajoutées par les compilateurs, soit simultanément, soit successivement. Leur main se trahit par la forme et par le fond. En la forme, par une double incorrection : d'abord la répétition intolérable de la conjonction; *prodigove vel furioso.* Puis le mot *prodigo*, pris isolément, n'est guère correct; pour être prodigue on n'en reste pas moins capable, tant qu'on n'est pas interdit. Dans tous les textes dont je me souviens, Ulpien signale toujours le fait de l'interdiction : *is cui bonis interdictum est.*

Au fond, maintenant, l'interpolation se trahit d'abord par l'antinomie inso-

Voilà les preuves invoquées à l'appui du système d'Ubbelohde et Audibert (1). Plusieurs s'évanouissent, ce nous semble, ou peu s'en faut; d'autres, plus spécieuses, ont paru décisives à ces deux savants. Le sont-elles en réalité? Ont-elles assez de poids — même en ne tenant aucun compte des explications qu'on en peut donner — pour contrebalancer des objections qui nous ont paru bien sérieuses? Le public appréciera.

Reste à indiquer la doctrine à nos yeux la plus vraisemblable.

§ 4. — *Système adopté. Conclusion.*

34. Esquisse du système qui nous paraît le plus vraisemblable. — 35. Objection

luble qu'elle crée entre notre texte et la loi *Is qui bonis*, également d'Ulpien. Puis, dans la loi *Marcellus*, il ne pouvait être question que du pupille, parce que la question soulevée par le texte ne pouvait se poser que dans ce cas-là. La loi *Marcellus* se trouvait originairement rapprochée d'un autre fragment d'Ulpien, la loi 13, D., *De min..* 4, 4 (voyez Lenel, *Pal.*, Ulpien, 404), où le jurisconsulte se demandait si le bénéfice de la restitution accordée à un mineur doit être étendue à sa caution. Oui, si la caution peut recourir contre le débiteur, car alors c'est le *seul* moyen de maintenir la restitution efficace à l'égard du mineur lui-même; non, si la caution n'a pas de recours. Dans la loi *Marcellus*, il s'agit aussi de savoir s'il faut venir au secours (*subveniatur*) de la caution, c'est-à-dire (tout le monde en convient, voy. Audibert, p. 269) si l'on doit lui accorder le bénéfice de la restitution en entier. Or, cette question-là ne peut s'élever que dans le cas où l'on a cautionné une personne mineure de vingt-cinq ans, un pupille par exemple, qui a droit en principe à la restitution (a). Mais quelle cause de restitution pourrait invoquer, du chef du débiteur principal, la caution d'un prodigue ou d'un fou? Aucune! L'âge est une cause de restitution, non la prodigalité ni la folie. Il ne peut donc être ici question d'un secours (*subveniatur*) à accorder ou à refuser au fidéjusseur. De deux choses l'une : ou son obligation est parfaitement valable, ou elle est radicalement nulle *jure civili*. La loi *Is cui bonis* démontre qu'elle est nulle. Le fidéjusseur n'a donc pas besoin de secours. A tous les points de vue, on le voit, le mot « *subveniatur* » ne convient que pour le pupille et non pas pour le prodigue ou le fou.

(1) Il en existe encore une, qui n'est pas à dédaigner sans doute, — c'est la plus grave; — elle montre en effet que, dans un cas spécial, Antonin le Pieux a permis, sur la demande d'une mère, de donner un curateur à ses fils prodigues, et cela sous prétexte de folie, par conséquent sans décret d'interdiction. Tel est du moins le sens naturel de la loi 12, § 2, D., *De tut. et cur. dat.*, 26, 5. Mais nous avons déjà expliqué (voyez plus haut n° 13 et la note) qu'on ne saurait généraliser cette décision rendue dans des circonstances tout à fait exceptionnelles.

(a) Dans le cas actuel, le pupille serait irrecevable à demander la restitution pour lui-même. Il n'en a pas besoin, vu la nullité *jure civili* de son obligation contractée sans l'*auctoritas* du tuteur. Mais cette fin de non-recevoir, toute personnelle au pupille, ne serait pas, ce nous semble, opposable à son fidéjusseur; la caution d'un pupille ne doit pas être plus mal traitée que celle d'un adolescent.

tirée de la capacité que recouvre de plein droit le prodigue amendé. Réponse. — 36. Conclusion.

34. Pour ma part, je me représente d'une autre façon l'évolution du droit romain en cette matière. Voici une légère esquisse du système que je crois le plus vraisemblable :

Comme M. Audibert, j'admets que la loi des Douze Tables n'avait pas limitativement déterminé ni peut-être même précisé les conditions d'interdiction. Par son silence elle se référait à la coutume. J'imagine qu'à cette époque la jurisprudence des consuls, conforme à l'opinion qui désirait avant tout la conservation des biens dans les familles, n'interdisait guère que les dissipateurs des biens patrimoniaux et se préoccupait peu des affranchis, par exemple.

Dans ces temps reculés, recueillir l'hérédité paternelle et la recueillir *ab intestat*, c'était une seule et même chose; le terme de *suus heres* ne s'appliquait sans doute qu'à celui à qui étaient parvenus sans testament les biens des ancêtres (1). Celui-là seul, en effet, méritait le nom d'héritier de soi-même qui succédait, non pas grâce à la volonté dernière de ses ascendants, mais en vertu d'un titre préexistant : la copropriété familiale. Celui qui laissait des fils n'avait pas besoin d'instituer d'héritier. Voulait-il avantager l'un de ses enfants? Il n'avait qu'à manciper à un ami quelques biens destinés à être remis par lui au bénéficiaire (2). S'il avait des descendants indignes, ne pouvait-il en faire justice de son vivant, les chasser de sa maison, en faire des enfants sans famille, des *abdicati* (3), lui qui jouit du *jus vitæ necisque?*

Voilà pourquoi la loi des Douze Tables, quand elle avait parlé du prodigue pour le soumettre à la curatelle des agnats, l'avait probablement désigné dans des termes qui impliquaient chez lui la qualité d'héritier *ab intestat*.

La jurisprudence romaine, on le sait, se montra toujours peu favorable à la tutelle légitime; elle profite du moindre prétexte pour l'écarter et lui substituer la tutelle dative (4). Il devait en être de même en matière de curatelle. La raison de cette préférence se conçoit aisément : le hasard de la naissance peut désigner un tuteur, un curateur incapable ou indigne; le choix éclairé du magistrat présente infiniment plus de garanties.

Aussi, dès qu'on eut affaire à des prodigues héritiers testamentai-

<hr>

(1) Audibert, p. 119, 120.
(2) C'est même là l'origine du testament *per æs et libram* (Gaius, II, § 102).
(3) Voy. Audibert, p. 97.
(4) Inst., I, 15 § 2. — L. 11, §§ 1 et 2, D., 26, 2.

res, le préteur profita de ce que la lettre de la loi qui appelait les agnats parlait des prodigues héritiers *ab intestat* pour nommer lui-même le curateur des prodigues institués.

D'ailleurs, il n'hésita pas à prononcer contre eux le décret traditionnel. Aucun texte précis, on en convient, ne déterminait limitativement les cas d'interdiction, la loi des Douze Tables ne s'étant vraisemblablement occupée des prodigues que pour désigner leur curateur (1). Mais pourquoi insister? M. Audibert admet que l'interdiction par décret fut appliquée même aux héritiers testamentaires (2). Dangereuse concession! Car alors que reste-t-il en fait de prodigues pour l'application du second système d'interdiction? Les affranchis (3)! Croit-on vraiment que le préteur ait organisé pour eux seuls un système spécial d'interdiction? Ce serait invraisemblable. Enfin, de quoi se plaindraient ces affranchis? D'être traités comme des ingénus? Pourquoi préféreraient-ils se voir traiter comme des fous et nommer un curateur, plutôt que de subir le décret d'interdiction? Quel avantage y trouveraient-ils?

On a dit : ce serait un abus de pouvoir que de prononcer arbitrairement une déchéance de droits contre un citoyen dont la loi reconnaît la capacité.

Mais ne serait-ce pas aussi un abus que de considérer comme fou un citoyen qui ne l'est pas, et de lui donner un curateur en vertu de ce faux motif?

Au surplus, le fond du décret c'est d'interdire toute aliénation. Or,

---

(1) Ulpien, Reg. XII, § 2 : *Lex duodecim tabularum furiosum, itemque prodigum cui bonis interdictum est, in curatione jubet esse agnatorum.* Il semble, à lire ce texte, que l'attention du législateur se soit plutôt portée sur la désignation du curateur que sur les conditions de l'interdiction.

(2) P. 121 : « Pour ma part, » dit-il, « je préférerais supposer que pendant un certain temps le prodigue fût soumis à la curatelle légitime, alors même qu'il avait été institué héritier. » Curatelle légitime implique toujours l'interdiction par décret, même dans le système de notre savant collègue. Au surplus, sa doctrine sur ce point me semble inadmissible de deux côtés : 1° Il est invraisemblable que la jurisprudence ait jamais étendu la curatelle légitime à un cas pour lequel elle n'a pas été expressément faite; la tendance du préteur est à l'opposé. D'ailleurs, c'est se mettre en contradiction formelle avec Ulpien, Reg. XII, § 3 : *his enim ex lege curator dari non poterat;* 2° il est bien peu probable qu'après avoir, pendant quelque temps, prononcé le vieux décret contre les prodigues institués, le préteur ait cessé de les interdire lorsqu'il s'avisa de leur donner lui-même un curateur.

(3) Je ne parle pas des cas exceptionnels, des *vulgo quæsiti*, des exhérédés qui auraient acquis de la fortune et qui la dissiperaient : *Ex his quæ forte uno aliquo casu accidere possunt, jura non constituuntur; nam ad ea potius debet aptari jus quæ et frequenter et facile, quam quæ perraro eveniunt* (L. 4 et 5, D., *De legibus*, 1, 2).

le préteur n'hésite pas à intimer cette même défense à des citoyens parfaitement capables, par exemple à l'héritier suspect d'être insolvable, dans le but de conserver aux créanciers de la succession les biens sur lesquels, par la séparation des patrimoines, ils se feront payer exclusivement.

On a dit encore : les termes du vieux décret ne conviennent pas; on ne saurait, à propos d'affranchis (1), parler de *bona paterna avitaque*. Encore une fois, comment peuvent-ils se plaindre de ce qu'on les traite en ingénus, de ce qu'on leur suppose des aïeux ? Faut-il attacher tant d'importance aux termes du vieux décret? Il accuse le prodigue de mener ses enfants à la misère, cela empêche-t-il d'interdire les célibataires? On reconnaît que non (2). Comme tant d'autres formules romaines, celle de la *mancipatio familiæ*, par exemple, le vieux décret se conserve par la force de l'habitude, et Paul constate que l'on continue à le rendre dans les termes traditionnels : Moribus *per prætorem bonis interdicitur* hoc modo. Mais ses expressions surannées n'ont plus d'importance; il n'interdit que l'*æs* et le *commercium*, pourtant la prohibition s'étend à toute aliénation, à toute obligation volontaire, bien que la mancipation et le *nexum* aient cédé la place à d'autres manières d'aliéner ou de s'obliger.

Je crois donc, avec Voigt, que le préteur se servit de la formule de l'ancien décret pour interdire tous les prodigues sans distinction, que la curatelle fut légitime ou dative. Des scrupules naissant de la formule employée n'ont pas dû arrêter longtemps le préteur; s'il en eut de ce genre, ils ont dû être bientôt levés par l'énorme inconvénient qu'il y aurait eu à mettre le prodigue en curatelle comme monomane, sans l'interdire, comme le suppose Ubbelohde. Nous avons vu que cela ne l'aurait certainement pas empêché de tester et de déshériter par conséquent ceux qui l'auraient fait mettre en curatelle.

Le décret! ce n'est plus qu'une formalité, ses termes importent peu; ils marquent seulement le point de départ de l'évolution jurisprudentielle qui en a déduit les incapacités du prodigue.

Toutefois l'idée plus récente de folie a aussi joué son rôle en cette

____

(1) Il n'y a rien dans les termes du décret tels qu'ils nous ont été conservés, qui empêche de l'appliquer aux prodigues institués. Ne peut-on recevoir des *bona paterna avitaque* par testament ?

(2) Audibert, p. 122. Citons ce passage excellent : « S'il y a une hypothèse pratique où le patrimoine de la famille est en péril, c'est assurément lorsque le *paterfamilias* décède en laissant orphelin un adolescent qui n'a encore aucune expérience de la vie et que sa jeunesse expose à tous les entraînements. Or, il n'est pas habituel qu'à cet âge on soit déjà père. C'est donc au jeune homme, devenu prématurément *sui juris*, que la loi des Douze Tables aurait donné la liberté complète de se ruiner! »

matière, et superposé son effet à ceux du vieux décret. C'est elle qui
a donné un caractère absolu à la nullité des engagements du prodigue ;
c'est un fou dont la promesse n'engendre pas même d'obligation
naturelle.

35. Cette manière de concevoir les choses n'a pas, bien entendu, la
prétention d'écarter absolument toute difficulté ni d'éviter toute objection. Chemin faisant, nous avons cependant tâché d'en écarter
quelques-unes. En voici encore une que nous ne saurions négliger.

Des textes (1) décident que le prodigue interdit, par son retour à
une vie plus sage, recouvre sa capacité, et cela de plein droit, *ipso
jure*, c'est-à-dire évidemment sans qu'il soit besoin d'un décret nouveau donnant main-levée de l'interdiction.

Or, dit-on, puisque l'incapacité du prodigue résulte d'une défense
solennellement formulée par le magistrat, il n'est pas possible qu'elle
disparaisse sans que cette défense soit expressément rapportée. Cette
impossibilité a paru si certaine à plusieurs auteurs qu'elle les a portés
à exiger, malgré le sens évident des textes, un décret de main-levée (2).
M. Audibert n'a pas de peine à les réfuter ; il ajoute (3) :

« Il n'y a qu'un moyen d'échapper à cette extrémité, c'est d'admettre qu'il y eut deux sortes d'interdiction, l'une résultant d'un
décret et prenant fin par un autre décret, l'autre reposant sur l'assimilation qu'établissait le magistrat entre la prodigalité et la folie, et
ne durant qu'autant que persistait le fait même de la prodigalité. »

Explication évidemment très ingénieuse !

Mais est-il vraiment impossible d'admettre que l'interdiction prononcée cessât de produire effet par le retour du prodigue aux bonnes
mœurs ?

Plusieurs auteurs admettent cette cessation (4).

Cela choque, il est vrai, nos habitudes modernes, beaucoup plus
précises sur ce point que celles des Romains. Chez nous, non seule-

---

(1) L. 1, pr., D., *De curat. fur.*, 27, 10 : ... *Sed solent hodie prætores vel præsides... curatorem ei dare exemplo furiosi : et tamdiu erunt ambo in curatione, quamdiu vel furiosus sanitatem, vel ille sanos mores receperit ; quod si
evenerit, ipso jure desinunt esse in potestate curatorum* (Ulpien, *lib. I ad Sab.*).
— Paul, *Sent.*, III, 4°, § 12 : *Prodigus, recepta vitæ sanitate, ad bonos mores
reversus, et testamentum facere et ad testamenti solemnia adhiberi potest.* —
Le texte d'Ulpien n'est pas à l'abri de tout soupçon d'interpolation (voyez
plus haut, n° 28) ; toutefois nous inclinerions à penser que la phrase citée est
authentique depuis *et tamdiu*.

(2) Rudorff, *Vormundschaft*, III, p. 230. — Accarias, *Précis*, 4° édit., p. 435,
note 1.

(3) Page 309.

(4) Mainz, *Cours de droit romain*, III, 4° édit., p. 190, 191. — Petit, *Traité de
droit romain*, 1892, p. 131.

ment en cas de prodigalité, mais encore en cas de folie — car chez nous les fous sont interdits — l'incapacité dure jusqu'à nouvelle décision de justice.

Dans notre ancien droit, on n'était pas encore arrivé à ce degré de précision. On exigeait une mainlevée de l'interdiction pour restituer sa capacité au prodigue, parce qu'il s'agissait d'une incapacité de droit positif et non pas de droit naturel. Mais l'incapacité de l'interdit pour cause de démence, étant naturelle, cessait dans les intervalles lucides. On se montrait seulement très difficile sur la preuve de la lucidité (1).

En droit romain, la capacité du fou suit les vicissitudes de sa santé intellectuelle, son curateur fonctionne d'une façon intermittente (2).

Système trop élastique ; rien de fixé, rien de net ! Il ne faut donc pas nous attendre à trouver en ces questions la réglementation précise de notre droit. D'autres matières nous présentent une différence analogue. Chez nous : « *Voies de nullité n'ont point de lieu,* » c'est-à-dire qu'il faut faire réformer par des procédures spéciales les sentences judiciaires contraires aux lois. A Rome, elles sont nulles de droit. Imbus de nos idées actuelles, nous ne comprenons pas qu'une décision d'un magistrat, le décret d'interdiction, puisse tomber de plein droit ; il nous faut un second décret rétractant le premier. Si nous voulons interpréter sainement les textes qui font cesser l'interdiction de plein droit par l'amendement du prodigue, il nous faut oublier nos conceptions habituelles, plus formalistes et plus précises.

En fait, comment la question se posera-t-elle ? Si le curateur s'oppose à ce que l'interdit reprenne l'administration de ses biens, il faudra bien que le préteur statue, lève son décret ou le maintienne ; nul ne traiterait avec l'interdit malgré son curateur. Si le curateur laisse le prodigue gérer sa fortune, ne ratifie-t-il point ainsi son administration ? Il n'y aura donc de difficulté que pour certains actes entièrement personnels au prodigue : tester, être témoin d'un testament.

Faut-il annuler ces actes, lorsqu'ils émanent d'un homme qui a su, par sa vie réglée, faire oublier ses folies anciennes, et cela par le motif qu'il n'a pas sollicité une mainlevée qui n'aurait pu, par hypothèse, lui être refusée ? Faut-il, pour des raisons de forme, de procédure, annuler le testament fait par celui que la mort a surpris

_____

(1) La preuve testimoniale n'était admissible que s'il y avait un commencement de preuve par écrit ; on exigeait en outre que l'acte en question eût été précédé et suivi d'autres impliquant le retour de la raison. (Voy. Bourjon, *Droit commun de la France,* I, p. 79, 80.)

(2) L. 6, C., *De curat. furiosi,* 5, 70.

avant qu'il ait eu le temps de se faire relever de son interdiction?

Avec nos idées modernes, nous serions inflexibles; mais faut-il refuser de croire que les Romains aient été ici moins rigoureux? L'interdiction, expressément motivée sur la dissipation, ne doit-elle pas disparaître avec sa cause? Sans doute, la solution affirmative a des inconvénients : elle peut faire naître des procès, elle donne prise à l'arbitraire. Mais n'est-ce pas là précisément le caractère de la loi romaine en ce qui touche le fou auquel le prodigue est assimilé sous tant de rapports?

Cette assimilation, certaine, mais non pas absolue, du prodigue au fou, voilà sans doute ce qui explique qu'une règle commune ait pu fixer, pour l'un comme pour l'autre, la fin de l'incapacité à l'époque où cesse l'état intellectuel ou moral, cause première de cette incapacité.

36. En résumé, j'adhère sans réserves à la doctrine de M. Audibert sur la folie; il n'en est pas de même pour la prodigalité. Si je ne me trompe, la première théorie, celle que M. Audibert a tirée de son propre fond, a bien plus de chances de faire école que la seconde, empruntée au savant romaniste de Marbourg. Et cela, malgré les ingénieuses transformations que le professeur français a fait subir à ce système, malgré le talent délicat qui, par une exception bien rare, a réussi à faire d'une monographie de droit romain un livre d'une lecture attrayante.

C. Appleton,
Professeur à la Faculté de droit de Lyon.

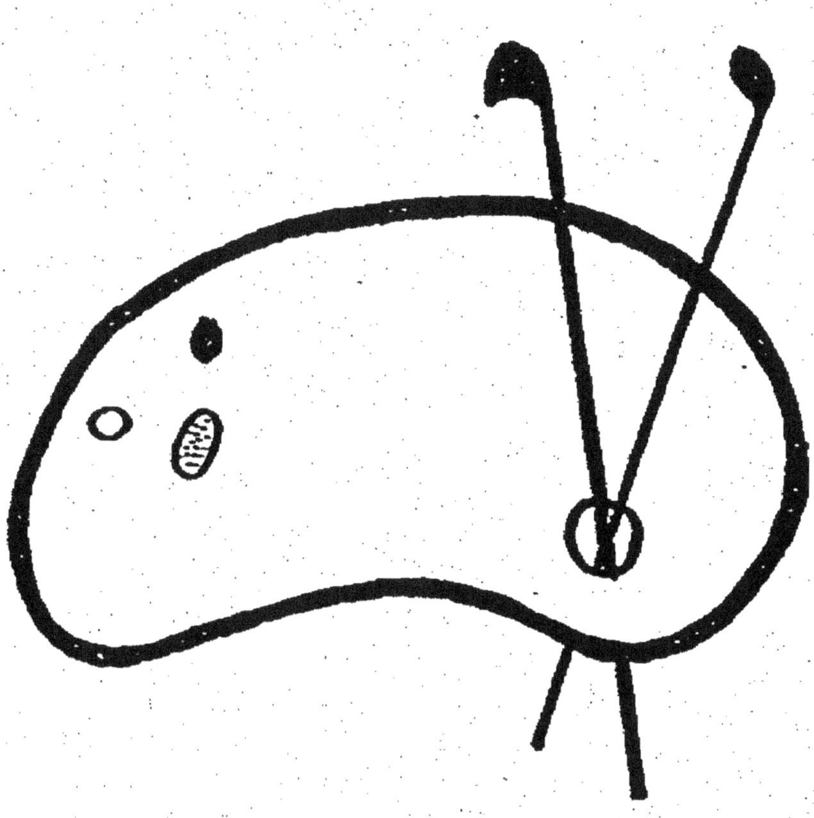

ORIGINAL EN COULEUR

NF Z 43-120-8

www.ingramcontent.com/pod-product-compliance
Lightning Source LLC
Chambersburg PA
CBHW051554070726
47594CB00017B/1545